Bruce Nash y Allan Zullo

Cómo hundir su empresa

Guía práctica de la mala gestión

Colección

EL PAPAGAYO

— 16 —

BRUCE NASH Y ALLAN ZULLO

COMO HUNDIR SU EMPRESA

Guía práctica de la mala gestión

EL PAPAGAYO

EDICIONES TEMAS DE HOY

Colección EL PAPAGAYO
Título original: *The misfortune 500. Featuring the Business Hall of Shame*

Esta edición ha sido publicada de acuerdo con el editor original, Simon y Schuster, Nueva York
Traducción: Carmen Viamonte y Luis Soldevila
Ilustración de cubierta: José Manuel García López
Diseño de cubierta: Wunderman

Paseo de la Castellana, 93, 28046 Madrid
Primera edición española: septiembre de 1989
Depósito legal: M. 24.070/1989
ISBN: 84-86675-85-5
Compuesto en Fernández Ciudad, S. L.
Impreso en GREFOL, S. A.
Printed in Spain - Impreso en España

Este libro está dedicado a nuestros respectivos padres, Murray Nash y Anthony Zullo, que aprendieron a llevar sus negocios con maestría y que nunca dudaron de que podríamos conseguir cualquier cosa en esta vida... excepto sucederlos.

Indice

Agradecimientos

Deseamos mostrar nuestro agradecimiento a las siguientes personas por su ayuda: Robert McMath y Janet Mansfield, Marketing Intelligence Service Ltd.; Diane Bratcher, Interfaith Center on Corporate Responsibility; Carol Davis, Industrial Union Department, AFL-CIO; Richard Lewis, Corporate Annual Reports, Inc.; Sid Cato, *Sid Cato's Newsletter on Annual Reports;* Chris Lee, revista *Training*; William Lutz, *Quarterly Review of Doublespeak*; Flora Muniz, *Marketing Week*; Bruce Silverglade, Dora Demmings y D'Anne DuBois, Center for Science in the Public Interest; Lewis Gilbert, John Gilbert, Bernadette Liberti y David Brown, Corporate Democracy Inc.; Clarence Ditlow, Center for Auto Safety; J. P. Donon, *Chief Executive*; Robert Levy, *Dun's Business Month,* y *American Banker.*

Nuestra especial gratitud a nuestro amigo e investigador de altos vuelos Bernie Ward, y a nuestros más valiosos haberes —nuestras familias—: Sophie, Robyn y Jennifer Nash, y Kathy Allison y Sasha Zullo.

Memorándum

A: el lector.
De: los autores.
Ref.: Cómo hundir su empresa.

Los anales de la historia empresarial están repletos de tantos batacazos, patinazos y pifias que no sería de extrañar que hubiesen sido la fuente de la célebre Ley de Murphy: «Si algo puede salir mal, saldrá mal... y en el peor momento.»

Más de 50.000 empresas se hunden todos los años y decenas de miles más se la cargan de una manera u otra. De todas formas, no se presta a los errores toda la atención que merecen. Ni a las situaciones ridículas y embarazosas provocadas por escandalosas meteduras de pata, prácticas comerciales retorcidas o decisiones absurdas. Simplemente, las empresas no quieren hablar de eso.

Los que se sientan en las poltronas empresariales y los esforzados trepadores están tan obsesionados con el éxito que son incapaces siquiera de pronunciar las palabras «fracaso» o «error», no digamos de reírse de este tipo de incidentes —a no ser, desde luego, que éstos se refieran a sus competidores. Los estirados ejecutivos prefieren cerrar la boca y enterrar la cabeza en libros sobre motivación y rendimientos máximos.

Pero aquí tiene un libro sobre negocios que le hará olvidar a todos los demás. Hemos ido más allá de las tenebrosas profundidades del mundo empresarial, del caso Edsel, de la nueva Coca-Cola y de los hermanos Hunt. Desde los salones de los consejos hasta los almacenes, desde las multinacionales a los pequeños bancos locales, hemos descubierto que los hombres de negocios tienen una asombrosa tendencia a equivocarse, y frecuentemente con consecuencias divertidas.

Al menos a nosotros nos han parecido divertidas. Desgraciadamente, a los paquidermos de la industria y el comercio no les hizo ninguna gracia nuestra búsqueda de los incidentes reales más desafortunados del mundo de los negocios. Escribimos a los presidentes y directores de las 35 mayores empresas de los Estados Unidos, pidiéndoles tan sólo cinco minutos de conversación telefónica, a cualquier hora del día o de la noche, para que nos contaran una buena y divertida historia de negocios. Ni uno solo de ellos cooperó. La mayoría ni siquiera tuvo el detalle de contestar. Los que respondieron, nos dijeron —a través de su personal de relaciones públicas— que tenían cosas mejores que hacer. Las cartas de respuestas eran breves mensajes similares a éste, enviado por V. E. Pesqueira, director ejecutivo de comunicaciones de Xerox Corp.: «Gracias por su oferta, pero temo que tendremos que declinarla. Probablemente no hay en todo el país un director ejecutivo más agradable ni amistoso que David Kearns, pero a él no le gustaría.» C. R. Walgreen III fue el único presidente que nos contestó personalmente, y no se anduvo con rodeos: «Aprecio su invitación a participar, pero no tengo el menor interés en hacerlo.»

No podemos decir que nos sorprendiera. Simplemente lo anotamos en el capítulo de gastos inútiles y comenzamos a rastrear publicaciones de economía, a entrevistar a consultores de empresa y asociaciones de consumidores, a contactar con asociaciones industriales y escuelas empresariales; nos tragamos cientos de informes anuales, examinamos montañas de documentación y leímos miles y miles de noticias. Llamamos a las empresas para verificar los hechos, pero lo único que conseguimos fue provocar ataques de ansiedad en docenas de responsables de relaciones corporativas que no tenían ningunas ganas de hablar y sí de colgar cuanto antes.

En cualquier caso, reunimos cientos de historias verídicas que en general son cómicas, a menudo absurdas y a veces asombrosas. Conseguimos encontrar 500 empresas e individuos que habían metido la pata con todas las de la ley. Sin embargo, no son los únicos —sólo han tenido la mala suerte de llamar nuestra atención. Esto no pretende ser un *ranking* de los peores fracasos, errores u operaciones empresariales de la historia. Más bien es un manual de cómo *no* llevar los negocios.

Nos pusimos de nuevo por otro médico. Simultánea-
te lo añadimos en el capítulo de gastos médicos y conve-
zamos a pagar en 6 meses de [illegible] a compensar
a constituirse de empresa y asociaciones de consumidores,
a contactar con asociaciones industriales y sectores em-
presariales; organizamos cientos de informes anuales,
eventualmente [illegible] de documentación y demás, folle-
tos, circulares; lanzamos a las empresas para per-
dirles las ayudas para lo único que conseguimos fue pro-
vocar ataques de ansiedad en docenas de [illegible]
de directores, convencidos de que no tenían ninguna gana
de nada y de volver como antes.

En cualquier caso, tuvimos cientos de miles de [illegible]
tas que en esta [illegible], a menudo escritas y
a veces anónimas. Conseguimos encontrar 300 empre-
sas e individuos que habían pagado la parte de todos los
de la ley; sin embargo, no son los únicos —sólo des-
cuidando la más grave de tener nuestro negocio. Esto
no significa ser un ejército de los ricos y decididos
sólo a organizaciones empresariales de la historia. Más bien
es un manual de cómo no llevar los negocios.

¿Qué significa un nombre?

Como consecuencia de las fusiones, compras y caprichos del consejo de administración, las empresas cambian de nombre constantemente.

Veamos lo que le sucedió a United Airlines (un buen nombre). Se decidió transformarlo en UAL, y en mayo de 1987 se volvió a cambiar por Allegis —una combinación de «*allegiance*» (lealtad) y «*aegis*» (tutela)—. Tras gastar 7,3 millones de dólares en el cambio de nombre, la empresa anunció en 1988 que iba a volver a adoptar su nombre original.

Varias empresas mencionadas en este libro han cambiado de nombre. Al escribir sobre ellas hemos usado los que tenían cuando sucedieron los hechos descritos.

DIRECTIVOS
SIN
DIRECCION

Desastre en la corporación

LA GENEROSIDAD TAMBIEN ROMPE EL SACO

Cuando en 1985 Du Pont quiso recortar su plantilla de 100.000 empleados en Estados Unidos, ofreció un generoso plan de retiro anticipado a todo el personal, excepto a los altos directivos. Con ello se pretendía evitar el desagradable problema de los despidos; sin embargo, los resultados de esta medida fueron mucho más graves de lo que se suponía.

Con la idea de recortar el personal en un 5 por 100, Du Pont y su subsidiaria, Conoco Inc., esperaban que unos 6.000 empleados se acogieran a la oferta. La compañía aseguró a todos los que firmaran añadirles cinco años tanto a la edad como a la antigüedad. En estas condiciones, la pensión de un empleado de cincuenta y cinco años con un sueldo de 25.000 dólares y treinta años de antigüedad en la empresa se calculaba como si tuviera sesenta y hubiera trabajado treinta y cinco años, lo cual hacía que su pensión mensual fuera de 817 dólares al mes en lugar de 595.

Las condiciones eran mucho más atractivas de lo que la compañía había previsto. Más de 11.000 empleados —cerca de un 10 por 100 de los que podían acogerse a la opción— tomaron el dinero y salieron corriendo. En Conoco, 2.000 trabajadores, algo más de un 10 por 100 de los que podían optar, decidieron retirarse —y en algunas de las refinerías el éxodo llegó a un 16,5 por 100. El presidente de Conoco, Dino Nicandros, se quejaba: «¡Se nos ha ido la mano, ojalá algunos no hubieran aceptado!»

El plan de retiro costó a Du Pont 125 millones de dólares en 1985. Pero, en realidad, el precio fue mucho más alto: la compañía tuvo que ofrecer pagas extras a sus empleados más cualificados para que no se fueran e incluso tuvo que contratar a otros nuevos y realizar cambios de puestos para cubrir los vacíos críticos.

LO QUE HAY AQUI ES UN PROBLEMA DE COMUNICACION

En 1968, el departamento de promoción de Chevrolet tuvo una idea genial: «Vamos a lanzar una gran campaña publicitaria para remontar las ventas del Nova cuatro cilindros, dijo el equipo de promoción. Pondremos grandes anuncios en los periódicos, contrataremos espacios en televisión y radio y financiaremos campañas de promoción a los distribuidores con toda la parafernalia de banderitas de colores y demás.»

Todos fueron informados en Chevrolet del plan, excepto la gente de la división de producción que, a su vez, habían tenido su gran idea: vamos a frenar la producción de motores de cuatro cilindros, ya que las ventas se han venido abajo, pensaron. Y, consecuentemente, eliminaron de las plantas la mayor parte del equipamiento para la fabricación del cuatro cilindros.

Entre tanto, la dirección de Chevrolet no pensó ni por un momento en comprobar que los Nova de cuatro cilindros que se estaban anunciando a bombo y platillo se podían efectivamente fabricar.

Y muy pronto se dieron cuenta de la cruda realidad: la división de producción estaba sobrecargada y la demanda de vehículos era seis veces superior a su capacidad. Todo el mundo se subía por las paredes. Chevrolet no podía servir los pedidos de los concesionarios, éstos no podían entregar los vehículos que los clientes encargaban y, finalmente, los clientes no pudieron comprar los coches que la contundente publicidad de Chevrolet les había convencido de que necesitaban.

DIARIO INTIMO DE BILL Y MARY

Junio de 1979: Bill Agee, cuarenta y un años, director general de Bendix, contrata a Mary Cunningham, veintiocho años, una esbelta rubia recién salida de la Harvard Business School, como su directora adjunta.

Junio de 1980: Considerando a Mary una mujer de negocios muy dotada (sin mencionar su atractivo personal), Bill la nombra vicepresidente de Asuntos Corporativos y Públicos. Mary se convierte así en la mujer más joven que ocupa un cargo de vicepresidente entre las 500 empresa de Fortune. Esto hace que las lenguas viperinas empiecen a moverse en los pasillos de la Bendix, ya que Mary y Bill no se separan ni un momento, y comen, trabajan y viajan juntos por todo el país.

Agosto de 1980: El consejo de administración de Bendix empieza a recibir anónimos que aconsejan a sus miembros investigar la relación existente entre Bill y Mary. Los editores de los diarios de Detroit reciben cartas similares, pero no tienen donde hincar el diente... por el momento.

Día del Trabajo, 1980: Se confirma que Bill y su esposa se han divorciado.

Una semana después: Bill asciende a Mary nuevamente, esta vez a vicepresidente de Planificación Estratégica.

Dos semanas después: En la convención anual de los 600 ejecutivos de Bendix, a la que asiste la prensa, Bill discute objetivos a corto plazo y de largo alcance de la compañía, y a continuación enfrenta los rumores con la

cabeza bien alta: «Me han dicho muchos, y sé que se comenta por todos lados, que el ascenso de Mary Cunningham en esta compañía es insólito, y que está motivado por la relación que existe entre nosotros. Desde luego, es insólito. Su ascenso en esta empresa es debido a que se trata de una profesional de gran talento, y su rapidez está plenamente justificada.» Pero Bill acaba reforzando aún más los rumores añadiendo: «Tengo que decirles que es cierto que nos une una profunda amistad, así como que es amiga de mi familia. Pero esto no tiene absolutamente nada que ver con la forma en que yo y otros, tanto en la compañía como en el consejo de administración, valoramos los resultados de su trabajo.»

Al día siguiente: Finalmente los periódicos tienen algo a lo que agarrarse y la noticia salta a las primeras páginas: DIRECTIVO DE BENDIX RECHAZA RUMORES DE OFICINA: EL ASCENSO METEORICO DE LA MUJER EJECUTIVA NO SE DEBE A LA AMISTAD, DECLARA AGEE AL PERSONAL. El artículo decía: «Todo un hito en la historia empresarial americana. Un director ejecutivo eleva un cotilleo de oficina a la categoría de problema de empresa que debe ser discutido abiertamente con sus subordinados.» Entre tanto, Mary es abordada por un periodista poco delicado: «Así que, ¿cuánto hace que se acuesta con el jefe?»

Octubre de 1980: Bill es presionado por miembros del consejo de Bendix para que despida a Mary, pero no puede hacerlo. Entonces Mary dimite de su cargo en Bendix.

Abril de 1982: Bill descubre que su unión sentimental con Mary durante el último año y medio se ha convertido en su talón de Aquiles. Siguiendo una estrategia que Mary había ayudado a diseñar mientras trabajaba en Bendix, Bill se propone adquirir una gran empresa de alta tecnología. Comienza a comprar acciones de RCA para lanzar una posible OPA hostil. De repente se publica una nota de prensa promovida por RCA en la que se dice que Bill «ha demostrado ser incapaz de manejar sus propios asuntos, así que no hablemos de los ajenos». Como consecuencia Bill abandona el proyecto RCA.

Junio de 1982: Bill y Mary contraen matrimonio.

Septiembre de 1982: Siguiendo el consejo de Mary, Bill intenta que Bendix se haga con la mayoría de acciones de Martin Marietta. Pero Martin Marietta contraataca y se prepara para comprar Bendix. Entonces Allied Corp. entra en escena pretendiendo comprar *las dos* compañías. Cuando llega la calma tras la tempestad, Bendix ha pasado a ser propiedad de Allied, Marietta sigue siendo independiente y la revista *Time* define el asunto como «Teatro del Absurdo en fusiones».

1983: Bill abandona Allied muy quemado. Mary y él compran un local en Cape Cod y constituyen su propia empresa de inversiones, que recibe el nombre de Semper (en latín, «siempre»).

SIETE SINTOMAS DE GESTION CATASTROFICA EN ALLEGHENY INTERNATIONAL

(Por qué dimitió el presidente Robert J. Buckley en 1986)

1. Esta empresa de productos de consumo, situada en Pittsburgh, perdió 164 millones de dólares en 1986, superando las pérdidas del año anterior: 109 millones de dólares.

2. Allegheny puso a disposición de sus altos ejecutivos una flota de cinco jets bautizada como «Allegheny Air Force».

3. La empresa concedió créditos personales a sus ejecutivos por un total de más de 30 millones de dólares a un interés de tan sólo un 2 por 100.

4. Los hijos e hijas de los ejecutivos más antiguos fueron incluidos en la nómina. Uno de los hijos del presidente fue nombrado director de un hotel en Manhattan, propiedad de AI, a pesar de no tener la menor experiencia en gestión de establecimientos hoteleros.

5. Una sociedad «de paja» fundada por Allegheny en 1985 invirtió casi 1 millón de dólares en la compra y rehabilitación de un ostentoso edificio Tudor en Pittsburgh para solaz de sus directivos y clientes importantes.

6. AI hizo frente a una enorme amortización de capital tras financiar con 80 millones de dólares la construcción de un edificio para oficinas en Houston. La compañía rechazó una oferta que le hubiese permitido recuperar la inversión en 1983, y, en cambio, mantuvo el edificio desocupado durante dos años (con unos costes de mantenimiento de 1 millón de dólares al mes), vendiéndolo finalmente en 1985 por 47 millones.

7. El presidente Robert J. Buckley nombró director de inversiones al profesor de matemáticas de sus hijos.

IMAGINESE SI LLEGA A HABER BENEFICIOS...

Cómo premian las empresas deficitarias a sus peces gordos

LTV Corp.

Cuando LTV sufrió en 1984 unas pérdidas de 378,2 millones de dólares, prestó a su presidente y director ejecutivo, Raymond Hay, cerca de 1 millón de dólares para que pudiese realizar unas opciones de compra de acciones a punto de vencer. Según las condiciones del préstamo, Hay, que tenía ya un sueldo de unos 750.000 dólares, no tendría que pagar intereses por el crédito a cinco años mientras continuara en su puesto.

Lo más escandaloso del asunto es que, a principios del mismo año, la compañía prefirió cerrar una planta de fundición de acero antes que acceder a una propuesta del Sindicato de Trabajadores del Acero. Esta proponía dar acciones preferenciales a los trabajadores a cambio de una concesión de 6 dólares la hora en las condiciones del contrato de trabajo. La cifra que LTV adelantó a Hay hubiera sido más que suficiente para cubrir las acciones de preferencia y salvar los 600 puestos de trabajo que costó la operación.

American Motors Corp.

American Motors debería haber aprendido algo de los fabricantes de coches japoneses, que recortaron los sueldos de sus altos ejecutivos cuando los beneficios decrecieron como resultado de la revaluación del yen en 1985. En cambio, American Motors, aunque sufrió unas pérdidas de 125,3 millones de dólares en el mismo año, subió el sueldo de sus tres ejecutivos más importantes en más de un 23 por 100.

Petro-Lewis Corp.

En 1984, Petro-Lewis tuvo unas pérdidas de 54 millones de dólares. ¿Y qué hizo esta empresa de Denver con su presidente, Jerome Lewis? Para premiar sus «brillantes resultados», la compañía le dio 163.000 dólares en bonificaciones de especie y 1,1 millón de dólares contantes y sonantes por una antigua opción de compra de acciones. Petro-Lewis le ofreció asimismo la posibilidad de cobrar en dinero la diferencia entre el precio de ejercicio y el valor actual en el mercado, en lugar de aceptar las acciones.

«Es increíble que se llenara los bolsillos [con la opción] mientras los que le habían confiado su dinero estaban cayendo como moscas», declaró a *The Wall Street Journal* un inversor indignado. Una portavoz de Petro-Lewis dijo en tono displicente al *Journal*: «Ya, para algunas personas 1 millón de dólares parece mucho dinero, pero a la luz de los hechos, ¿qué diferencia hubiera supuesto esa cifra?»

TGI Friday's Inc.

Cuando los beneficios de la cadena de restaurantes descendieron en un 20 por 100 en 1985, la compañía dio a su director ejecutivo, Daniel Scoggin, unas condiciones salariales que incluían un aumento de un 10 por 100, más un 20 por 100 de los beneficios antes de impuestos en un nuevo negocio de comida rápida. TGI Friday permitió asimismo a Scoggin ejercer una opción de venta que le reportó 3,5 millones adicionales. Y por último, la compañía aportó 25.000 de los 96.500 dólares que costaba el nuevo Rolls-Royce de Scoggin.

Charter Co.

En febrero de 1984 este grupo petrolero y asegurador recompensó a 27 altos ejecutivos con 3,8 millones de dólares en concepto de «una prima especial como incentivo». Cinco directores recibieron 250.000 dólares cada uno. Dos meses después Charter declaraba suspensión de pagos.

UAL Inc.

A pesar de los números rojos, UAL decidió mantener bien sonrosado a su presidente, Richard J. Ferris, con un buen puñado de verdes. En 1985 la sociedad tuvo unas pérdidas de 48,7 millones de dólares. A la vista de estos «brillantes» resultados, UAL no recortó su sueldo proporcionalmente, sino que lo dobló, elevándose éste a 883.000 dólares.

Coca-Cola Co.

Lejos de criticar a sus dos mayores responsables por una infame equivocación estratégica, Coke les recompensó generosamente. En 1985, el comité de compensación de la compañía concedió a su presidente, Roberto Goizueta, y a su director general, Donald Keough, beneficios adicionales que podían suponer millones de dólares, por su «coraje, sabiduría y entrega» en el lanzamiento de la nueva Coca-Cola, el fracaso comercial más sonado del año.

SI NO ESTA ROTO, NO LO ARREGLES

«La nueva Coca-Cola no es así»

En mayo de 1985, cuando Coca-Cola anunció que había andado enredando con la fórmula de su refresco, que contaba ya con noventa y nueve años de edad, la compañía se dio cuenta de inmediato que alterar el refresco de mayor venta en el mundo podía ser el patinazo de marketing de la década.

Con la esperanza de detener los importantes avances de Pepsi en el mercado, el presidente de Coca-Cola, Roberto Goizueta, y su director general, Donald Keough, decidieron en 1982 que se debía lanzar al mercado un nuevo refresco de cola más dulce. Después de tres años de exhaustivas pruebas de gusto, Coca-Cola lanzó su nueva fórmula.

La nueva Coca-Cola produjo el descontento entre decenas de miles de grandes aficionados al refresco, que aborrecían el nuevo sabor dulzón de su bebida favorita y reclamaban airadamente su Coca-Cola de toda la vida. Durante tres meses la sede de Coca-Cola estuvo recibiendo 1.500 llamadas diarias y enormes cantidades de cartas de consumidores indignados.

«No habíamos contado con que existiera tal pasión por la Coca-Cola original», confesó a la prensa un Keough de aspecto abatido. «La realidad es que todo el tiempo, dinero y dedicación invertidos en la investigación sobre la nueva Coca-Cola no pudieron detectar ni medir la intensidad del vínculo emocional que tanta gente siente por la Coca-Cola original.»

Keough negó que la nueva Coca-Cola fuese un truco para potenciar el producto clásico. «Habrá quien diga que Coca-Cola ha cometido un gran error empresarial, y algunos cínicos han dicho que todo esto estaba cuidadosamente planeado. Bien, la pura verdad es que no somos ni tan estúpidos para lo uno ni tan agudos como para lo otro.»

En una de las marchas atrás más espectaculares de la historia empresarial norteamericana, la compañía se plegó a las exigencias del público. En dos meses anunció que la antigua Coca-Cola volvería a las tiendas, bares y máquinas expendedoras. El antiguo refresco volvió como Coca-Cola Classic, mientras que la nueva Coke, que había provocado el escándalo, permanecía en el mercado como nuevo caballo de batalla de la marca.

El gran fracaso de Coca-Cola lo resumió con gran regocijo Roger Enrico, presidente de Pepsi-Cola USA, en un comentario sarcástico: «Evidentemente, esto es el "Edsel" de los ochenta. Han cometido un error garrafal. Tenían un *lemon* * en las manos y han querido hacer una limonada.»

Problemas de envasado en Schlitz

Si los directivos de Coca-Cola hubiesen estudiado historia del Marketing hubiesen aprendido de la cerveza Schlitz que no es aconsejable jugar con una fórmula famosa y muy vendida.

A principios de los años setenta, Schlitz era la segunda marca de cerveza en Estados Unidos: «La cerveza que hizo famoso a Milwaukee». Y entonces un grupo de empresarios creativos decidió cambiarle el sabor, consiguiendo así una cerveza que hizo a Schlitz un producto infame.

En 1974, mediante una «hábil» maniobra de ahorro de costos, la dirección decidió abreviar el proceso de fabricación. Schlitz sustituyó parte de la costosa malta de cebada por un extracto de maíz barato, y redujo los diferentes procesos de producción a la mitad del tiempo que la mayoría de los fabricantes suele emplear. El proceso de fabricación que patentaron, llamado Fermenta-

---

* Este *lemon* no tiene nada que ver con los cítricos. Coloquialmente designa a un producto de categoría inferior a la esperada o habitual. *(N. de los T.)*

ción Automática Equilibrada, no sólo destruyó su sabor, sino que además dejaba grumos de levadura flotando en la cerveza. Por si esto fuera poco, no había forma de que hiciese espuma ni con batidora. Su mercado se vino abajo de un día para otro. Las ventas cayeron en picado en 1980: de 24 a 15 millones de barriles. Schlitz intentó conseguir algo que se pareciera a su sabor original, pero para entonces ya era demasiado tarde. En 1985 la marca poseía una cuota de mercado de tan sólo un 1 por 100.

¿Y QUIEN CUIDA DE LA CASA?

Diagrama de ventas de Decision Data Computer Corp. en 1984:

Diagrama de ventas de la misma empresa en 1985. Después de que 75 de sus 160 vendedores superaran sus objetivos, la dirección premió a todos ellos con un viaje a Hong Kong en la misma semana, durante el mes de marzo.

¿ESPIRITU DE EMPRESA O ESPIRITISMO DE EMPRESA?

Prólogo

ComputerLand Corp. constituyó uno de los casos más espectaculares de la historia empresarial americana de lanzamiento de una franquicia. Su volumen de negocios se duplicó anualmente durante los siete primeros años, y las ventas se dispararon hasta 770 millones de dólares en el año fiscal 1983. Pero en dos años más prácticamente desapareció, en parte porque su cultura corporativa se convirtió en un culto corporativo.

Capítulo 1

En 1972, Bill Millard constituye IMS Associates Inc., una modesta empresa de consultoría e ingeniería informática. Conoce a Werner Erhard, un antiguo vendedor de coches de segunda mano, que se había cambiado el nombre por el de Jack Rosenberg. Erhard se había hecho famoso como fundador de los Seminarios Erhard de Entrenamiento, o EST, un extraño método para potenciar la consciencia. Para impulsar a los asistentes a adoptar nuevas perspectivas vitales, éstos debían soportar fines de semana de auténtica pesadilla, encerrados en habitaciones heladas, sin apenas alimentos, agua, descanso ni casi salidas al baño.

Capítulo 2

Millard empieza a estar obsesionado con el EST, y no cesa de explicar a sus empleados cómo «llegar al centro de sus miedos». Exige a sus ejecutivos que «sigan el seminario». Los empleados acuden en grupos a los seminarios de EST, en los que son insultados con el fin de «aligerarles de cargas psicológicas innecesarias».

Capítulo 3

Millard constituye ComputerLand Corp. en 1976, y se empeña en que todos los empleados de la compañía sigan los cursos. Llega a un acuerdo con un centro Erhard para que dé un seminario de comunicación EST a sus directivos. Contrata a antiguos jefes y monitores de EST y los sitúa en puestos clave de la empresa.

Capítulo 4

Dentro del sistema EST de gestión de Millard, los vicepresidentes y los jefes de departamento no tienen autoridad real. Nadie puede tomar decisiones sin reunirse con otros dos o tres y votarlas. Los directores no tienen más remedio que recurrir a la política de pasillos y formar sus propios feudos.

Capítulo 5

ComputerLand no reacciona con la suficiente rapidez ni habilidad ante los vertiginosos cambios del mercado en 1984. El servicio de franquicias se va deteriorando, mientras los directivos practicantes del EST responden a las quejas con un «gracias por compartir esto con nosotros». Para julio de 1985, ComputerLand está endeudada con bancos y proveedores y la liquidez de la empresa empieza a escasear. Mientras las franquicias amenazan con el motín, un competidor gana a Millard y a ComputerLand 141 millones de dólares en un juicio por daños.

Capítulo 6

Para evitar el hundimiento total de la compañía, Millard renuncia a su cargo y a su puesto en el consejo de dirección. Transmite el control diario de la empresa a un antiguo asociado y, tras el fallo de un tribunal, cede más de un 20 por 100 de las acciones de la compañía, gran parte de las cuales van a parar a manos de un competidor. La empresa pierde su autonomía y pasa a estar bajo el control de inversores, franquiciados y altos directivos... la mayor parte de éstos no ha realizado los cursos de entrenamiento.

Epílogo

Tras atraer a cientos de miles de personas a sus programas y proporcionar a Millard la filosofía que rigió los destinos de ComputerLand, Erhard suspende todos los cursos de EST indefinidamente.

EL BALANCE DESEQUILIBRADO

Grandes perdedores de dinero

¡PLATA POR AQUI... NADA POR ALLA!

Cuando los hermanos Hunt, multimillonarios tejanos, intentaron hacerse con el mercado de la plata, su intención era incorporar a sus ya bien repletos bolsillos unos cuantos miles de millones más, y al final no les quedaron ni los agujeros.

Nelson Bunker Hunt (ver foto en la pág. 42, a la derecha), sus hermanos Lamar (a la izquierda) y W. Herbert acumularon más de 200 millones de onzas (6.200 toneladas) de este metal precioso, en una arriesgada maniobra que hizo subir el precio de la plata de 11 dólares la onza en 1979 a 50 dólares en enero de 1980.

Pero entonces, el mercado cayó y con él se esfumaron miles de millones de dólares del patrimonio familiar.

En 1985, el valor neto del imperio Hunt era de 2.200 millones de dólares —un salto increíble desde los 5.100

millones que sumaban las fortunas de los hermanos antes de empezar a jugar con la plata. Las posesiones personales de los hermanos, valoradas en más de 3.000 millones en 1980, se habían visto reducidas a 600 millones en agosto de 1985.

Para evitar la bancarrota, los hermanos debieron hipotecar la mayor parte de sus bienes personales. De acuerdo con el biógrafo Harry Hurt III, autor de *Ricos de Texas,* la mayor parte de los ya bastante mermados tesoros de la familia fueron empeñados, entre ellos «miles de monedas antiguas del siglo III a.C.; antigüedades del siglo XVI; estatuillas griegas y romanas de bronce y plata; obras de famosos paisajistas americanos; pájaros de porcelana fina; 500 caballos de carreras con nombres como *Sinfondos, Extravagante* o *Trillonario*; más de 4 millones de acres de explotaciones petrolíferas y de gas; más de 70.000 cabezas de ganado; hasta los cortacéspedes, emisoras de radioaficionado, refrigeradores de agua, un Rolex y un Mercedes Benz».

En 1985, los Hunt habían liquidado un 90 por 100 del resto de su provisión de plata con unas pérdidas escalofriantes. Nelson Bunker Hunt declaró, pensativo: «Mil millones ya no son lo que eran...»

MALAS MEMORIAS DE AFRICA

¿Cuál fue el único error empresarial que cometió Charles Engelhard, magnate del oro y presidente de Engelhard Minerals & Chemicals Corp.?

Engelhard invirtió en una propiedad maderera a orillas del río Zambeze. Cuando ya era demasiado tarde descubrió que durante la estación seca el río cambia de dirección y fluye tierra adentro, haciendo imposible el transporte de la madera a puerto. Intentó recuperar sus pérdidas cultivando los terrenos. Y sin duda hubiera funcionado si las manadas de hipopótamos que salieron del Zambeze no se hubieran comido las cosechas.

GANADORES DEL «PREMIO AL MAYOR PERDEDOR DE DINERO DEL AÑO»

Año	*Empresa*	*Pérdidas en millones de dólares*
1986	LTV	3.251,6
1985	LTV	723,9
1984	A. H. Robins	461,6
1983	U.S. Steel	1.161,0
1982	International Harvester	1.638,2
1981	Ford	1.060,1
1980	Chrysler	1.709,7
1979	Chrysler	1.097,3
1978	Chrysler	204,6
1977	Bethlehem Steel	448,2
1976	Rohr Industries	52,1
1975	Singer	451,9
1974	Chrysler	52,1
1973	Genesco	52,9
1972	Boise Cascade	170,6
1971	Anaconda	356,4
1970	Northwest Industries	227,4
1969	Ling-Temco-Vought (ahora LTV)	38,3
1968	Celanese	77,1
1967	American Motors	75,8
1966	Douglas Aircraft	27,6
1965	Brunswick	76,9
1964	Curtis Publishing	13,9
1963	Studebaker	80,9
1962	Fairbanks Whitney	27,0
1961	General Dynamics	113,2
1960	Lockheed Aircraft	42,9
1959	Douglas Aircraft	33,8
1958	Chrysler	33,8
1957	American Motors	11,8

¡SALTA LA BANCA!

Las diez mayores quiebras de la banca comercial y las correspondientes ayudas estatales (por tamaño de depósito)

	Nombre	*Año*	*Activos (millones)*	*Desembolsos del FGD USA (millones)*
1.	Continental Illinois National Bank**, Chicago	1984	33.600	4.500
2.	First Pennsylvania Bank**, Filadelfia	1980	5.500	325
3.	Franklin National Bank*, Nueva York	1974	3.700	1.800
4.	The First National Bank* and Trust of Oklahoma City	1986	1.600	635
5.	First National Bank of Midland*, Midland, Texas	1983	1.400	1.200
6.	BancTEXAS Group**, Dallas (11 bancos)	1987	1.300	150
7.	United States National* Bank, San Diego	1973	1.300	222
8.	United American Bank*, Knoxville, Tennessee	1983	800	466
9.	Banco Crédito y Ahorro*, Ponceno, Puerto Rico	1978	700	98
10.	Park Bank of Florida*, San Petersburgo	1986	600	211

* Quiebra bancaria.
** Ayuda Federal.
FUENTE: FDIC (Corporación Aseguradora del Depósito Federal).

LA OPORTUNIDAD LLAMO A LA PUERTA, PERO NADIE SALIO A ABRIR

Decca Recording Co.

Cuando Los Beatles realizaron una audición para Decca en 1962, los ejecutivos de la casa discográfica no quisieron firmar el contrato porque no les gustaba el sonido del grupo. Dick Rose, el gran *pope* de Decca, dijo a Brian Epstein, manager de Los Beatles: «Los grupos de guitarras están acabados.» El manager del cuarteto pidió a Decca que reconsiderara su decisión y prometió que compraría personalmente 3.000 copias de cada *single* que su grupo grabara, pero Decca hizo oídos sordos. El grupo firmó con EMI... y el resto ya es historia.

Remington Arms Co.

En 1897 la compañía de máquinas de escribir Wagner Typewriting Machine Co. ofreció a Remington Arms. Co. venderle la patente de su máquina. Pero Remington rechazó la propuesta de compra de la patente porque, según palabras de su presidente: «No hay máquina que pueda reemplazar a un empleado honesto y fiable.» Wagner no tuvo problemas en cerrar el negocio con Underwood, que vendería más de 12 millones de máquinas de escribir durante los siguientes cincuenta años.

Western Union Telegraph Co.

Cuando Alexander Graham Bell inventó el teléfono en 1876 no pareció convencer mucho a los inversores potenciales. Su empresa, Bell Telephone Co., pasaba por tales apuros que ofreció todas las patentes del teléfono a Western Union por 100.000 dólares. Pero Western Union contestó que no tenía interés por «un juguete eléctrico». Varios años después, Western cambió de idea y compró las patentes de otro inventor para un aparato similar. La empresa de Bell les demandó por imitación fraudulenta y ganó una indemnización que eliminó a Western Union del negocio telefónico.

Hewlett-Packard Co.

Erase una vez un ingeniero medio de Hewlett-Packard llamado Steve Wozniak que compartía un sueño secreto con su amiguete Steven Jobs: construir y comercializar un ordenador personal apto para las masas de a pie. Los dos empleaban sus horas libres en la fabricación de un PC compacto. Cuando estuvo acabado ofrecieron su invento a Hewlett-Packard, que no mostró el mínimo interés por la idea. Así que Wozniak y Jobs siguieron adelante solos, fundaron Apple Computer Inc. y revolucionaron la industria del ordenador personal.

Du Pont Corp.

Tras crear en los años sesenta el *corfam,* un sucedáneo del cuero, Du Pont no consiguió comercializarlo con éxito. El *corfam* se utilizaba para zapatos caros con el fin de elevar su imagen, pero las ventas seguían siendo insignificantes (incluso después de utilizarlo también para zapatos baratos). Du Pont se convenció de que este material artificial era totalmente inútil y, en 1974, se lo vendió a Poland con unas pérdidas multimillonarias. Y fue precisamente entonces cuando el precio del cuero en el mercado mundial se disparó, convirtiendo al *corfam* en un material extremadamente rentable.

SE DERRITE EN TU BOCA, NO EN LAS MANOS DE E.T.

Adivina, adivinanza: ¿A qué empresa se le atragantaron sus propios caramelos por no permitir que aparecieran en *E.T.*?

Solución: A M&M/Mars. La compañía decidió que no ganaría nada por permitir que sus M&M aparecieran en la película. Así que Elliot tuvo que atraer al adorable alienígena con caramelos Reece's Pieces de Hershey's. Y la memorable escena acabó atrayendo a millones de compradores a las tiendas en busca de Reece's Pieces. Gracias a la película multimillonaria, las ventas de Hershey's se dispararon en un 65 por 100.

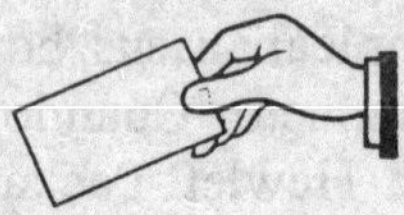

A la atención del Sr. E.T.

DURANTE SU AUSENCIA

D. M y M/MARS

de

N.° de Teléf.

- [X] ha telefoneado
- [ ] volverá a llamar
- [ ] desea que Ud. le llame
- [ ] ha venido a visitarle
- [ ] desea que Ud. vaya a verle
- [ ] URGENTE

ha dejado el siguiente encargo para Ud.

No pensamos que sea interesante usar nuestros M y M en una escena de su película.

PRODUCTOS DE UNA IMAGINACION CALENTURIENTA

Ideas que debieron morir antes de nacer, pero que vieron la luz

¡SON NUEVOS! ¡SON MEJORES!... ¡SON LA RUINA!

Nuevos productos fracasados

Heublein Inc.

A mediados de los años setenta, Heublein lanzó al mercado su producto «Cena con vino», una comida preparada, dirigida al consumidor de alto standing que contenía un plato semipreparado y una pequeña botella de vino. El vino no era precisamente Château Lafitte, sino más bien un eficaz vomitivo. En realidad, se trataba de un vino de cocina con especias y sal que el comprador debía mezclar con el plato precocinado. Sin embargo, demasiados compradores se olvidaron de leer las instrucciones de preparación, se atizaron el vino sin más preámbulos, quedaron horrorizados y jamás volvieron a comprar una «Cena con vino».

Gerber Products Co.

A principios de la década de los setenta, Gerber, que había obtenido grandes éxitos en el campo de la alimentación infantil, pensó, y correctamente, que los profesionales jóvenes muy ocupados se sentirían atraídos por alimentos que pudieran ser preparados en un abrir y cerrar de ojos. Entonces la compañía creó una línea de productos tales como «Carne de vaca al Borgoña» o «Menestra mediterránea». Pero cometieron el terrible error de envasar estos platos en tarros similares a los de la comida para bebés. Los adultos no tenían la menor intención de volver a la infancia, y entonces Gerber intentó solventar el problema etiquetando el bote con el nombre «Solteros». Pero a los solteros, ya bastante hartos de comer solos, no les hacía la menor gracia que les recordaran su estado civil.

Con todo, Gerber se resistía a abandonar su proyecto, de modo que en 1981 lo intentó de nuevo en el mercado de los adolescentes, esta vez con «Postres Gerber». Insertaron anuncios en revistas para adolescentes que decían: «Se desvela el secreto: ¡Gerber no es sólo para niños!» Pero los adolescentes se negaron a morder el anzuelo. De hecho su respuesta unánime a los investigadores de mercado fue: «Estáis locos si os creéis que vamos a volver a comer potitos.»

General Foods

En 1956, General Foods creó una línea de alimentos de lujo denominada «Para Gourmets», dirigida al consumidor de alto nivel. La compañía prescindió de los supermercados y se dirigió a las tiendas de alimentación más lujosas. Se anunció en revistas para entendidos, ignorando las publicaciones de interés general. Sin embargo, por cada cliente que extendía confitura de alfóncigos salvajes «Para Gourmets» sobre pastas inglesas, había cientos de americanos que se ponían morados de *donuts* y *corn flakes*. Cuando el invento desapareció definitivamente, cuatro años después, había costado a la compañía 30 millones de dólares. Edward Mortimer, presidente de General Foods, declaró que había descubierto el motivo del fracaso: «La esposa de un empresario de moda se sentó a mi lado en una fiesta y me dijo: "Oh, señor Mortimer, sus comidas 'Para Gourmets' son exquisitas. Nosotros hemos llenado el yate hasta arriba." Entonces pensé para mí: ¡claro, eso es lo que pasa... no hay suficientes yates!»

> ¿Cuál fue el mayor batacazo comercial de Charles Revson, presidente de Revlon?
> Un desodorante genital para hombres llamado Private.

American Kitchen Foods Inc.

A principios de los años setenta, Frank Aldridge, director general de esta empresa alimentaria, pensó que había dado con una idea genial: moler verduras y darles la forma de patatas fritas, de manera que los niños problemáticos se comieran las espinacas sin problemas. Al poco tiempo, American Kitchen inundaba el mercado de

paquetes de «Odio los guisantes», «Odio las acelgas», «Odio las espinacas» y demás verduras infernales disfrazadas de patatas fritas. Las madres comenzaron a llevárselos por docenas. Pero la población infantil comprobó de inmediato que, independientemente de la forma que tuvieran, los guisantes seguían sabiendo a guisantes. Y se negaron a pasar por el aro con redobladas fuerzas.

LA EXPLOSION DE UN REFRESCO EN EL MERCADO

Tenía todos los ingredientes para ser un éxito seguro: inversores deseosos de desembolsar los millones que hicieran falta, dos genios del marketing al frente del negocio y un refresco a base de zumos de fruta, dirigido a los compradores de Perrier, que querían algo con más sabor.

El nombre del refresco era «Napa Natural» y se definió como «el mejor refresco natural del mundo», un producto infalible que falló a causa de un pequeño imprevisto.

En 1983 se fundó Adams Natural Beverage Co. en Napa Valley, California. Con una inversión inicial de 8 millones de dólares, la compañía contrató para dirigir el negocio a Bruce Nevins y Jim Stevens —los magos del marketing que habían hecho de Perrier algo imprescindible en los hogares americanos.

Nevins y Stevens buscaron a un especialista para dar con la fórmula apropiada, llegaron a un acuerdo con una empresa de envasado de Sacramento, contrataron a una agencia de publicidad y diseñaron una estrategia de distribución. El plan era lanzar «Napa Natural» en la Costa Oeste y desde allí cubrir todo el mercado nacional.

Tras un año de cuidadosos preparativos, salieron al mercado cuatro sabores de «Napa Natural» —con un 67 por 100 de zumo de frutas, sin aditivos ni conservantes— y la aceptación por parte del público no pudo ser mejor. Para el verano de 1984, Napa había batido a Perrier en las ventas de los primeros seis meses.

Nevins, Stevens y Adams Natural Beverage Co. estaban saboreando las mieles del éxito, cuando, de repente, sintieron el amargo sabor del fracaso.

Los botes de «Napa Natural» empezaron a explotar en las estanterías de los supermercados. En septiembre las tiendas empezaron a informar que los botes se hinchaban peligrosamente y, en algunos casos, explotaban. Entonces fue cuando la empresa comprendió cuál había sido su error: no habían caído en que la bebida fermentaría a causa de su alto contenido en zumo. Y finalmente la fermentación hacía explotar los botes.

La compañía se vio obligada a retirar del mercado miles de cajas de «Napa Natural». Durante los siguientes dos meses, mientras se reformulaba el refresco y se reducía su contenido en zumo a un 51 por 100 (finalmente descendió hasta un 30 por 100), no se distribuyó ni una sola caja. Desgraciadamente, cuando se reanudó la distribución, muchos comercios se negaron a volver a vender el producto. Y las ventas del refresco que explotó en el mercado se marchitaron y murieron.

¡BOMBAS FUERA!

RCA Corp.

VideoDisc SelectaVision: Tardó quince años en salir al mercado y sólo tres en desaparecer. Presentado en 1981, este aparato sólo podía reproducir discos pregrabados, y no grabar programas de televisión. RCA malentendió totalmente el interés del público por los vídeos que reproducían películas y grababan dc la televisión. *Pérdidas:* 580 millones de dólares.

General Dynamics

Reactor Convair de transporte de tipo intermedio: La compañía se confundió de parte a parte en sus cálculos de costes y mercado para los Convair 880 y 990. A pesar dc que los jefes de división sabían que estaban desarrollando un avión muy caro y para el que había muy pocos encargos, se empeñaron en seguir adelante. Las meteduras de pata de los ingenieros y los excesos de gastos no fueron evaluados hasta 1961, cuando el comité ejecutivo descubrió que el avión en cuestión estaba arruinando a la compañía. Finalmente el proyecto fue abandonado. *Pérdidas:* 425 millones de dólares.

Time Inc.

TV-Cable Week y *Picture Week:* Considerada como la mayor aventura empresarial del grupo, la publicación *TV-Cable Week* se hundió a los cinco meses de su aparición. La revista, lanzada para competir con *TV Guide,* iba dirigida a los usuarios de la televisión privada por cable. Pero resultó ser tan cara y trabajosa de realizar que los costos superaron con mucho las previsiones. Tres años después, Time Inc. insistió con otra publicación similar, *Picture Week.* Tras una nueva arrancada y una nueva marcha atrás, la revista conflictiva se cerró con un coste de 40 millones de dólares para Time. *Pérdidas:* 100 millones de dólares.

IBM

PCjr: En noviembre de 1983, IBM invirtió 40 millones de dólares en la promoción de un nuevo ordenador personal que iba a revolucionar el mercado doméstico. Pero para empezar el PCjr no llegó a tiempo a la campaña navideña en su primer año a causa de problemas de producción. Pero la verdad es que hubiera dado lo mismo. Tanto la escasa memoria de la máquina como la extraña forma del teclado y el considerable precio (1.200 dólares sin el monitor) disuadieron a los posibles compradores. Se interrumpió su fabricación en la primavera de 1985. *Pérdidas:* 100 millones de dólares (estimado).

Knight-Ridder Newspapers

Viewtron: Este servicio de teletexto doméstico sobre base informática se comercializó en octubre de 1983, porque Knight-Ridder quería estar en la vanguardia de un posible avance tecnológico que diera al traste con la prensa escrita. Pero en 1986 la compañía hizo el amargo descubrimiento de que el videotexto no constituía la mínima amenaza ni para la publicidad ni para la difusión de la prensa escrita. El público medio no tenía el menor interés en pagar por un avanzado servicio casero de información. *Pérdidas:* 50 millones de dólares.

EDSEL: EL CADILLAC DE LOS ERRORES

Si alguna vez alguien ha introducido el coche equivocado en el mercado erróneo y en el momento menos apropiado, ése ha sido Ford Motor Co. Durante treinta años, Ford ha tenido que soportar la ignominia de haber sido responsable del desastre empresarial y comercial más infamante de la historia americana: el modelo Edsel.

El Edsel fue anunciado y promocionado como la alternativa definitiva a nivel popular, tras costosas encuestas a nivel nacional que determinaron exactamente qué era lo que los americanos querían en un coche. Los ejecutivos de Ford examinaron cuidadosamente montañas de informes sobre sondeos de mercado e hicieron justo lo contrario de lo que éstos indicaban. Entonces diseñaron el nuevo coche en comité. Se tomaron alrededor de 4.000 decisiones ejecutivas sobre los aspectos más insignificantes, desde la forma de los picaportes de las puertas hasta la cantidad de cromo en los parachoques.

Se propusieron 16.000 nombres para el engendro y todos ellos fueron rechazados, incluso los presentados por la poetisa Marianne Moore, contratada por Ford para colaborar en la elección del nombre. No es difícil comprender por qué Ford rechazó sus propuestas, entre las que había nombres tales como «Bala Inteligente», «Tortuga Utópica» o «Mangosta Civique». Finalmente, la familia Ford decidió dar al coche el nombre de Edsel Ford, único hijo de su fundador, Henry Ford. Y resultó el más extraño homenaje que se haya podido rendir a nadie. Cuando el coche fue presentado, en otoño de 1957,

se multiplicaron los chistes sobre la forma de retrete de la rejilla, su parte trasera desparramada y con alas o el selector de marchas a base de botones en el centro del volante. Y para desesperación de Ford, eso fue todo lo que hizo la gente, chistes y no comprar. Por si fuera poco, el Edsel fue introducido en el mercado cuando Estados Unidos sufría la peor recesión económica desde la Gran Depresión. Además el coche estaba plagado de problemas de transmisión y refrigeración, así como pérdidas de aceite. Y el capó y el maletero se atascaban.

Se vendieron tan pocos Edsels que Ford perdió unos 3.000 dólares en cada unidad. Tras unas pérdidas de 350 millones de dólares en dos años, Ford mandó el Edsel al desguace. Según los cálculos realizados, le hubiera resultado más rentable a Ford regalar a cada comprador de un Edsel un Mercury nuevo en vez de venderle el Edsel.

¿Por qué fracasó tan estrepitosamente el lanzamiento en Japón de Simmons & Co., la marca de colchones, a pesar de una masiva campaña publicitaria?

Porque los japoneses siempre han dormido sobre esteras en el suelo.

QUIZA DEBIAMOS HABER HECHO MAS INVESTIGACION DE MERCADOS

Empresas cuyos productos no se comieron una rosca en los comercios

MLO Products: Aperitivos ricos en proteínas «Bolas de Gorila».

Quaker Bonnet: Galletas de chocolate «Trocitos de Búfalo».

To-Fitness Inc.: Pasta «Tofu To-Fitness» *.

Health Valley Natural Foods: «Chips de nabo».

Jac Creative Foods: Boloñesa de mariscos «Sea Lion» (León Marino) y salami de marisco «Sea Lami».

Reese Finer Foods Valley Corp.: «Café Huevo de Norwoods».

Beverage Capital Corp.: Sorbete cítrico «Rayo de Luna».

Clairol: Champú «Un toque de Yogurt».

Helene Curtis: Acondicionador para el cabello «Dame Pepino».

Jheri Redding Products: «Gel Fijador al Chocolate».

International Yogurt Co.: «Yogurt Face & Body Powder», con un alto contenido en cultivos de yogurt.

---

* Fonéticamente, el nombre de la pasta puede sonar como «too few to fitness» (demasiado poco para estar en forma). *(N. de los T.)*

LOS CAPITALISTAS SE CAPITALIZAN

Hacer dinero a la vieja usanza (mediante la explotación)

RAZONES DE PESO

En noviembre de 1985, las inundaciones asolaron Virginia Oeste, causando unos daños de millones de dólares y obligando a miles de personas a huir de sus hogares.

Fueron tiempos duros para ese estado montañoso. Pero los Weight Watchers (Vigilantes del peso) pensaron que era un momento perfecto para dar la lata a la gente con el asunto de la obesidad.

Mientras las aguas seguían inundando algunas poblaciones, los Weight Watchers —una subsidiaria de la empresa H. J. Heinz— tuvieron la audacia de emitir un boletín informativo concebido para conseguir clientes entre las víctimas de la inundación. «No permita que la inundación le haga engordar», aconsejaba Millie Snyder, directora regional de la organización en Virginia Oeste. Recomendaron a la gente que se «mantuviera a flote» emocionalmente y que no se «hundiera en la desesperación» comiendo más de la cuenta.

«Cuando vemos cómo desaparecen nuestras pertenencias flotando sobre las aguas y cómo se arruinan nuestras casas, es fácil que nos crucemos de brazos y digamos: "¿Por qué preocuparme" —decía el boletín—. Cuando todo esté seco y hayamos limpiado la porquería descubriremos que tenemos que hacer frente a unos kilos de más.»

Cuando *The Wall Street Journal* le preguntó a los Weight Watchers si su boletín informativo no encerraba segundas intenciones, un portavoz contestó que no. «Nuestra larga experiencia nos dice que un pretexto como éste es motivo suficiente para que la gente gane peso.»

GANGAS DIVERSAS

Bloomingdale, de Nueva York, abrió una boutique de «alta costura callejera» en 1983, especializada en prendas harapientas, sucias y rotas. Un portavoz dijo: «El *look* de mujer vagabunda está de moda.»

La empresa discográfica Rage Music International sacó al mercado un L.P. titulado *El Album de la Pistola Americana: Una Celebración de Canciones.* Entre la selección de canciones *country* se encontraban los siguientes temas: «Gracias, Smith & Wesson», «América nació pistola en mano», «No te importe el perro, cuidado con el dueño» y «La pistolera».

La Granja Pepperidge, de Clinton, Connecticut, sacó al mercado unos dulces de regalo en 1980 para aquellos que opinan que hay que matarlas con dulzura —unos cartuchos de escopeta de chocolate rellenos de praline y envueltos individualmente.

La empresa de juegos de mesa Paperback en Bethesda, Maryland, inventó el «Juego del Vigilante del Metro». La descripción que aparece en el catálogo dice: «¿Está harto de *punks* que aterrorizan el medio urbano? Ahora puede combatirlos cómodamente desde su propio hogar con "El Juego del Vigilante del Metro".» ¡Eso es! Cada jugador empieza en las calles de Brooklyn con una ficha «pistola» y seis «balas». El objetivo del juego es llegar vivo a la meta en el Bronx. Por el camino se tropezará con la canalla de la ciudad. Si se queda sin balas, le asaltarán. Viene con cuatro fichas —revólveres de metal en miniatura: un 38 de punta chata, un Magnum 357, una automática 380 y otra del 45. Además, se incluyen veinticuatro balas, un tablero de cartón, tarjetas «Hoy es mi día» y las instrucciones completas.

UN DESPIDO A LA MEDIDA

Cuando la compañía Eastman Kodak anunció en febrero de 1986 su plan de reducir la plantilla en un 10 por 100, un establecimiento de confección para caballeros en la localidad de Rochester, Nueva York, vio en la noticia una oportunidad de oro para incrementar los beneficios de su negocio.

Utilizando el pretexto de querer ayudar a los futuros desempleados, el establecimiento de confección insertó un anuncio en el periódico local que decía: «Cualquier problema económico al que se enfrente Rochester es también nuestro problema (o en este caso, oportunidad).» Teniendo en cuenta que cientos de trabajadores de Kodak pronto empezarían a buscar otro empleo, el anuncio les aconsejaba: «Nada es más importante a la hora de buscar un trabajo que un elegante traje de ejecutivo.» La tienda ofreció descuentos del 25 por 100 para «todos los hombres de Rochester».

Las ventas subieron enormemente. Pero, por lo menos, hubo un hombre a quien no le gustó el anuncio, Robert Russell, que precisamente era el propietario del establecimiento de confección. «Me pareció de pésimo gusto», dijo. Russell explicó que estaba en un crucero y que regresó demasiado tarde para cancelar el anuncio, que había sido realizado e insertado por la agencia responsable de la publicidad del establecimiento, Scheer Advertising, de Nueva Jersey.

¿LINCHAMOS A LYNCH?

Como miembro del agresivo equipo de ventas de Merrill Lynch & Co., un joven ejecutivo de cuentas decidió sacar provecho de la desgracia de varios miles de personas que habían perdido su dinero al quebrar una inversora local.

En el mes de septiembre de 1984, el representante de Merrill Lynch apareció en Danville, California, en una reunión de 2.500 enfurecidos inversores del Western Community Money Center, una empresa de préstamos e inversiones que se había hundido unos meses antes. Los inversores todavía no habían recuperado ni un céntimo de su dinero.

El representante instaló una mesa plegable en el gimnasio de la escuela de secundaria, lugar en el que se celebraba la reunión, y se puso a venderles un fondo mutuo de inversiones. Pensó que una inversión avalada por el gobierno les parecería interesante.

Pero no fue así. «No podía creer que alguien pudiese tener tanta sangre fría», comentó Bill Sullivan, uno de los organizadores de la reunión. «Algunos de los asistentes habían perdido los ahorros de toda su vida.» Sullivan perdió la paciencia y echó personalmente al representante de Merrill Lynch. La versión de un portavoz de la empresa era algo distinta: «El representante se dio cuenta de que se trataba de una multitud incontrolada y se marchó.»

JEFES EGOLATRAS
Y OPRESORES

Déspotas de las finanzas

EL PREMIO J. R. EWING

Charles Revson
(Presidente de Revlon de 1958 a 1975)

Un hombre despiadado, cruel, sádico, que deliberadamente volvía paranoicos a sus empleados... «Se merendaba a sus empleados como quien traga vitaminas», dijo un antiguo ejecutivo de la empresa. Empleaba y despedía recepcionistas según hicieran juego o no con la decoración de las oficinas, humillaba a los empleados dirigiéndoles obscenos insultos y se hacía el dormido durante el transcurso de las reuniones... Llevaba en el bolsillo durante meses los talones de las pagas extraordinarias de Navidad de sus ejecutivos, y al pasar el tiempo decía: «¡Eh, chico! Aquí tengo un talón para ti» (pág. 73, izquierda).

Robert Abboud
(Presidente y director ejecutivo de First Chicago Corp. de 1975 a 1980)

El personal le llamaba «Idi» (por el dictador Idi Amin Dada) a sus espaldas... Ponía verdes a los ejecutivos más antiguos de la empresa delante de sus propios subordinados... Tenía la costumbre de ignorar y menospreciar a los cerebros de la empresa, y se negaba a delegar autoridad... Rodeado de un aura de riqueza y poder, les recordaba a sus subordinados que todo debían agradecérselo a él... Cuando le despidieron, los empleados cantaban «Hasta luego, cocodrilo» (pág. 73, dcha.).

Robert Malott
(Presidente de la FMC Corp. desde 1972 hasta la fecha)

Un maestro de la confrontación que dirige las reuniones a base de cizaña... Tortura a sus subordinados sin piedad y de forma abusiva, sin motivo justificado... A menudo se muestra aburrido durante las reuniones y empieza a leer el correo o se marcha de la sala en medio de una intervención... Un ejecutivo de su empresa dijo: «Para poder funcionar con él, mantenemos un juego semimaquiavélico. Pasamos demasiado tiempo intentando averiguar cuándo estará menos aborrecible» (pág. 75, izquierda).

Richard Jacob
(Presidente y director ejecutivo de Day International desde 1971 hasta la fecha)

Conocido como el «viejo bestia» porque dirige los negocios del mismo modo que lo hacía cuando era suboficial en la Segunda Guerra Mundial... Grosero y cruel con aquellos que no están de acuerdo con sus ideas... Una vez amenazó a un analista de sistemas de seguridad con pegarle una patada en la entrepierna por haberle interrumpido... «Haz algo mal y se te echará encima, con todo su peso», dijo uno de sus ejecutivos... Cuando en una ocasión le desagradó el trabajo realizado por dos de sus directivos, colocó las nóminas de ambos con las pagas extras en su mesa, a la vista de todos, y ahí estuvieron durante meses (abajo, dcha.).

Fred Ackman
(Presidente de Superior Oil Co. de 1981 a 1984)

Un severo dictador con complejo de Napoleón que incluso llegaba al punto de negarse a considerar las sugerencias del personal... Cuando sus ejecutivos no estaban de acuerdo con él, los llamaba traidores. Un antiguo miembro de su equipo dijo: «No soportaba que alguien no estuviese de acuerdo con él, incluso estando en privado. Se te comía vivo, te llamaba maldito hijo de puta o te preguntaba si tenías la cabeza en el culo»... Con su carácter abusivo, su pequeña estatura y su cabellera pelirroja consiguió que, a sus espaldas, le llamaran «Fred, el Enano Colorado»... En el plazo de un año, desde que asumió la presidencia de la empresa, se despidieron nueve de los trece directivos máximos. (No aparece en las fotografías.)

> ¿Qué le dijo un directivo que trabajaba bajo las órdenes de Thomas Mellon Evans, presidente y director ejecutivo de Crane Co. —considerado como uno de los jefes más duros de América en 1980—, a un director de cincuenta años de edad que estaba pensando si debía aceptar un cargo en la empresa?
>
> «Si quieres llegar a los cincuenta y cinco, piénsatelo dos veces.»

Maurice «Hank» Greenberg
(Presidente y director ejecutivo de American International Group Inc. desde 1967 hasta la fecha)

Un dictador implacable y exigente que piensa que la empresa está por encima de todo... No duda en llamar a sus subordinados en mitad de la noche para darles órdenes... Uno de sus ejecutivos dijo: «Le importa poco la hora que sea, así que siempre está llamando a los empleados a sus casas... La gente que debe presentar informes a Hank está sometida a una presión tal, que es casi irreal.» Es un experto humillando a unos empleados de-

lante de otros... «Se podría decir que no has alcanzado el nivel necesario hasta que has soportado sus iras», dijo un miembro del personal que sí las había soportado.

¡LO QUE HAY QUE OIR!

Robert Malott, presidente de FMC Corp., cuando dirigía una empresa en 1980 dijo:

«El liderazgo se demuestra cuando se confirma la propia habilidad para causar dolor.»

En 1980, J. E. Davis, presidente de la cadena de establecimientos de comestibles Winn-Dixie, ensalzando las ventajas del desempleo para su negocio, dijo:

«No podemos tener buenos comercios si el gobierno mantiene el índice de desempleo por debajo del 5 por 100... La productividad, tanto para mí como para usted, es mayor cuando hay un par de personas en la puerta pidiendo trabajo.»

D. J. Sullivan, director de la zona sur de la empresa Roadway Express, en un memorándum dirigido a los supervisores, dijo:

«Señores, estoy harto de suplicar, estoy harto de intentar demostrarles la importancia de asumir la idea del trabajo duro. Sin duda, da la impresión de que muchos de ustedes no tienen los huevos que tenían cuando nacieron... Quiero más sanciones. Y quiero más despidos. Los quiero desde ya, y quiero que sean continuos a partir de este momento.»

En 1963, Charles Revson, presidente de Revlon, tras haber cambiado de agencia de publicidad en siete ocasiones, dijo:

«Los creativos son como una toalla mojada, la escurres y coges otra.»

Wallace Rasmussen, presidente de Beatrice Foods, respondiendo a la pregunta de un colega sobre cómo llevar el problema de la atención a la familia durante la escalada dentro de una empresa, dijo:

«Si se interponen en tu camino, deshazte de ellos.»

DELIRIOS DE GRANDEZA

Armand Hammer

(Presidente de Occidental Petroleum desde 1957 hasta la fecha)

Encargó y subvencionó en 1985 la publicación de un pretencioso libro titulado *El Mundo de Armand Hammer*. Constaba de 255 páginas de formato excesivamente grande, repletas de fotografías en color en las que aparecían él, sus socios y sus posesiones... Incluida en el libro había una fotografía a doble página de él mismo en la cama. Veía cuatro televisiones a la vez mientras tomaba el desayuno, leyendo el periódico y —según rezaba el pie de foto— «concretando por teléfono un almuerzo con el viceprimer ministro de Bulgaria».

Richard Rosenthal
(Presidente de la empresa Citizens Utilities
de 1946 a 1981)

Su propio personal lo ha tachado de increíble ególatra... Es bien sabido que cuando volaba en líneas comerciales entregaba una carta al piloto dándole instrucciones de cómo despegar y aterrizar... Batió un récord cuando, en el informe anual de la empresa, insertó cuarenta y ocho fotografías de sí mismo... En 1984 utilizó dieciséis de las cincuenta y dos páginas que componían el informe para narrar sus logros como actor, en la enseñanza, en los negocios, etc. Uno de sus socios ha dicho: «Richard es un déspota intelectual y me duele tener que estar alimentando su ego constantemente.»

Donald Trump
(Presidente de la Organización Trump
desde 1979 hasta la fecha)

Tiene un ego tan grande como los edificios que posee. Bautiza con su nombre a todos los edificios que compra o construye —excepto si son proyectos de vivienda subvencionados... Llevó a los tribunales a Eddie y a Julius Trump, del grupo Trump, alegando que intentaban aprovecharse de su nombre. Poco le importaba que lo hubiesen estado utilizando en su negocio durante veinte años —mucho antes de que él se hiciera famoso... No consiguió ganar el pleito.

Harry E. Figgie, Jr.
(Presidente de Figgie International Holdings
desde 1963 hasta la fecha)

Utilizaba los informes anuales para su propia glorificación. En el informe anual de 1982 se dirigió a sus accionistas a través de un ensayo de trece páginas de opinión personal sobre el período recesionario... En el de 1983 incluyó veinte páginas autobiográficas sobre sus éxitos en los negocios... Y en el de 1985 colocó otro ensayo sobre «los problemas a los que se enfrenta la industria hoy en día»... Ahora regala separatas de lo que él llama su «trilogía».

James Dutt
(Presidente y director ejecutivo de Beatrice Companies
Inc. desde 1979 a 1985)

Hizo que colocaran gigantescas fotos suyas en las entradas de las oficinas y fábricas de la firma... Los empleados le pusieron el apodo de «Camarada Dutt» porque las fotos les recordaban a los enormes murales de Mao colgados por toda China.

Conrad Black
(Presidente de Argus Ltd. desde 1979 hasta la fecha)

Encargó un retrato de sí mismo de metro y medio de altura vestido de Napoleón Bonaparte, con las medallas, la banda y la mano derecha metida entre los botones de la casaca.

En 1981, Willard Butcher, presidente del Chase Manhattan Bank, preguntó a sus invitados, durante una recepción a base de langostinos y champán, cuál era la mejor forma de averiguar la opinión de la gente de a pie sobre el programa económico del presidente Reagan.

De vez en cuando, dijo, en lugar de recorrer Nueva York en el interior de su *limousine,* tomaba un taxi para escuchar lo que el conductor tenía que decir.

¿QUIEN ES EL MAS GRANDE?

Mucha pasta y pocas nueces

SI AL MENOS PREDICARA CON EL EJEMPLO...

En diferentes discursos durante los años 1984 y 1985, T. Boone Pickens atacó a las empresas que no repartían entre sus accionistas las enormes cantidades de *cash flow* que producían.

No obstante, se olvidó de explicar al auditorio que su propia empresa, Mesa Petroleum Co., le había llenado los bolsillos considerablemente, ignorando a los accionistas.

Como presidente de Mesa, Pickens resultó ser el ejecutivo mejor pagado de la empresa privada en 1984; llegó a ganar en este año la escalofriante suma de 22,8 millones de dólares. Sin embargo, los dividendos de la empresa ese mismo año sólo ascendían a 14 millones. De hecho, desde el año 1981 hasta 1984, período en el que Mesa acumuló unos beneficios de mil millones de

dólares en operaciones bursátiles dudosas, la empresa no aumentó su escaso dividendo ni recompró su capital para repartir el botín con los accionistas.

Pickens, el aguerrido defensor de los accionistas, mantuvo la boca bien cerrada cuando, en el mes de noviembre de 1984, la junta directiva de Mesa creó el plan de Bonificaciones Diferidas y el Premio a la Iniciativa para «retener, premiar y motivar a sus empleados más importantes». La junta separó 20 millones de dólares como premio por los beneficios dudosamente obtenidos de 404 millones de dólares antes de impuestos en su batalla por la adquisición de Gulf Oil.

Prácticamente, la totalidad del dinero de las bonificaciones fue a parar a Pickens. El presidente, que ya había recibido su sueldo más bonificaciones de 4,2 millones en 1984, se embolsó una suma adicional de 18,6 millones de dólares en «unidades de compensación diferida», de las que podría disponer personalmente como presidente de Mesa en futuros intentos de adquisición. La junta de Mesa también concedió a Pickens otros 7,6 millones más en forma de vales de «préstamo» para especular —sin correr riesgo alguno— en futuras negociaciones. Esto le permitió ganar 5,5 millones de dólares, o el 6,9 por 100 de los beneficios de Mesa en una tentativa de adquisición de Phillips Petroleum.

A pesar de que Mesa anunció unos beneficios del 34,2 por 100 en 1984, los accionistas sólo recibieron un 7 por 100 correspondiente a los tres últimos años. Entretanto, Pickens —el llamado campeón de los accionistas americanos— fue nombrado por la revista *Business Week* como el director ejecutivo que había producido los más bajos beneficios de empresa y las menores ganancias para los accionistas en 1984.

ATERRIZAJE EN EL PLANETA DE LOS SUPERRICOS

Cuando Pantry Pride adquirió la compañía Revlon en 1985, Michel Bergerac, antiguo presidente de la gigantesca empresa de productos de salud y belleza, tiró de la anilla del mayor paracaídas de oro jamás visto —se tropezó con la escalofriante suma de 35 millones de dólares.

Como parte del contrato original de 1974 entre Bergerac y Revlon, la empresa le ofreció una compensación que incluía cinco años de sueldo y bonificaciones, valorada en aproximadamente 7 millones de dólares, y opciones de compra de acciones por valor de 13 millones. Más tarde, en 1983, la junta directiva de Revlon añadió otros 15 millones para proporcionarle cierta tranquilidad a su presidente y que no perdiera una buena oportunidad de venta de la empresa por miedo a quedarse sin trabajo.

Un directivo de Revlon dijo: «Si apareciera un comprador, querríamos que Bergerac tuviera los medios para hacer todo lo posible en beneficio de los accionistas.» Aparentemente, este señor no parecía darse cuenta de que el sueldo de Bergerac era ya lo suficientemente bueno para hacer todo lo posible en favor de los accionistas.

Bajo el mando de Bergerac, los beneficios de Revlon se cuadriplicaron alcanzando la suma de 2.000 millones de dólares. Sin embargo, las ganancias habían descen-

«¡HURRA! ¡EL CONSEJO ME HA CESADO!»

¡FELIZ ATERRIZAJE!

Los diez mayores paracaídas de oro de 1986

	Nombre	*Compañía*	*Causa del pago*	*Total (en miles de dólares)**
1.	Thomas M. Macioce, Chmn.	Allied Dept. Stores	Compra por Campeau	13.600
2.	Thomas H. Wyman, Chmn.	CBS	Destitución	11.439
3.	Gerald S. Office, Jr., Chmn.	Ponderosa	Compra por Asher Edelman	8.300
4.	Gerald G. Probst, CEO	Sperry	Fusión con Burroughs	6.670
5.	Michel Vaillaud, Chmn.	Schlumberger	Destitución	6.200
6.	John R. Miller, Pres.	Standard Oil	Renuncia bajo presiones	5.623
7.	Joseph H. Johnson, Chmn.	Assoc. Dry Goods	Compra por May Dept. Stores	4.900
8.	Anthony Luiso, Exec. V-P	Beatrice	Compra por apalancamiento	4.557
9.	John D. Macomber, Chmn.	Celanese	Compra por Hoechst	4.514
10.	Ralph P. Davidson, Chmn.**	Time	Retiro anticipado	4.029

* Incluye liquidación, bonificaciones, compensaciones a largo plazo, ciertos beneficios de retiro y pagos anuales futuros estimados.

** Incluye liquidación, pluses, compensaciones a largo plazo, determinados beneficios de retiro y futuros pagos anuales estimados, así como «paracaídas» Comité Ejecutivo.

DATOS: Informes de las empresas, cálculos aproximados de *Business Week*.

Reproducido de *Business Week*, 5 de mayo de 1986, por autorización especial, copyright 1986 McCraw-Hill, Inc.

dido de 192 millones en 1980 a 125 en 1985, fecha en la que Bergerac abrió su paracaídas de 35 millones de dólares, tras la adquisición de la compañía por Pantry Pride. «Sin duda, se trata de una enorme cantidad de dinero», declaró a la revista *Business Week*. «No sé si debería ser más o menos, ¿cómo se pueden valorar esas cosas? No lo sé.» No obstante, dijo que estaba «encantado de cumplir con los deseos del consejo de administración».

¡LO QUE HAY QUE OIR!

Ivan Boesky (pág. 90, izqda.), el rey del arbitraje, un año antes de ser multado y encarcelado por prácticas de *insider trading* (comercio con información confidencial), dijo:

«Creo que la avaricia es sana. Puedes ser avaricioso y sentirte bien contigo mismo.»

El corredor de bolsa James Goldsmith (pág. 90, derecha).

«La adquisición de empresas se hace por el bien público, pero ése no es mi caso. Yo lo hago por ganar dinero.»

UNA BUENA VIDA A COSTA DE LOS ACCIONISTAS

Algunos de los conceptos que Victor Posner, presidente de Sharon Steel Corp., consideró como gastos legítimos de empresa en 1978:

• El alquiler de su suite neoyorquina en el Hotel Plaza.

• Su *limousine* con chófer, además de comida, licores y facturas de restaurante.

• Una *limousine* con chófer para su hija Gail, además del uso por parte de ésta del avión y el yate de la empresa.

• Los gastos de vacaciones de su hijo Steven en Catskills y Westhampton, además de un automóvil Stutz valorado en 100.000 dólares.

Los 1,7 millones de dólares que Posner había pasado como gastos de empresa fueron investigados por la Comisión de Valores y Bolsa.

¿Cuál fue el mejor acuerdo interno de 1986? El pago de 45 millones de dólares por parte de Kohlberg Kravis Roberts & Co. por asesorarse a sí misma. Esta sociedad, especializada en la organización de compras por apalancamiento, participó como socio mayoritario en la compra de Beatrice Companies, valorada en 6.400 millones de dólares. Para conseguir la suma, KKR constituyó la empresa BCI Holdings Corp., que a su vez acordó pagar a la sociedad dicha suma en concepto de gastos de asesoría.

JUSTO CUANDO VD. ESTABA PENSANDO QUE ERA NEGOCIO SEGURO INVERTIR EN UN ESTUDIO CINEMATOGRAFICO

¿Por qué, en 1978, se echaron las manos a la cabeza los accionistas en la asamblea anual de MCA al conocer la cantidad que se había pagado a una actriz secundaria por su papel en la película *Tiburón II*?

La MCA pagó 242.349 dólares a la actriz Lorraine Gary por un papel secundario en la película, cuando la cifra media pagada por ese tipo de papeles era de 25.000. Quizá MCA consideró que la señorita Gary poseía extraordinarias cualidades de estrella, aparte de que fuera la esposa de Sid Sheinberg, presidente y director ejecutivo de la empresa.

EL DINERO HABLA

Lo que dijeron los directivos de Pacific Lumber Co., en 1985, de la no solicitada propuesta de adquisición por parte de Maxxam Group Inc.:

«No sólo es inadecuada, sino inmoral.»

Lo que dijo el director ejecutivo de Pacific, Gene Elam, dos semanas después de que su empresa aceptase la oferta de Maxxam, incrementada en un 4 por 100, y a la que se habían añadido unas sustanciosas indemnizaciones por despido para la junta y ejecutivos de Pacific, además del sueldo completo de dos años para treinta y ocho directivos medios:

«Las duras palabras empleadas anteriormente son las que se utilizan normalmente cuando se está negociando una adquisición.»

Lo que dijeron los accionistas del acuerdo firmado por la directiva:

«¡A los tribunales!» Y eso fue lo que hicieron.

LA GALERIA DE LAS INFAMIAS EMPRESARIALES

Socios fundadores

Hombres hábiles y triunfadores del mundo de los negocios que utilizaron su talento y energías con las peores artes para apilar millones de dólares. Con perseverancia, determinación e inteligencia, a menudo engañaron a inocentes inversores, explotaron a sus empleados, ignoraron las leyes e idearon dudosas prácticas comerciales, dando forma poco a poco a un submundo de los negocios. No les importaba lo más mínimo el hecho de que el público cuestionara sus métodos y protestara. América estaba a su disposición, y se aprovecharon de ello todo lo que pudieron.

Cornelius Vanderbilt (1794-1877)

Un calculador oportunista al que nada detenía cuando se trataba de destruir a un competidor... Observaba cómo su rival iba creciendo en el negocio y luego le atacaba, utilizando cualquier método para arruinarle o comprar su retirada... Amenazó a dos empresas navieras con hacerles la competencia, y acabó sacando 56.000 dólares

mensuales sólo por mantenerse al margen... Cuando el Gobierno le pidió que formase una flota de transportes, cobró a los proveedores exorbitantes sumas por los alquileres de barcos, a menudo el doble de lo que había pagado el gobierno anteriormente por el mismo alquiler... Utilizaba barcos que no estaban en condiciones de navegar y apiñaba a 900 soldados en buques con capacidad para 300... Fue condenado por una resolución de censura en el Senado, pero se las arregló para que su nombre desapareciera del sumario (arriba, izqda.).

Daniel Drew (1797-1879)

Uno de los mayores manipuladores de bolsa de Wall Street en los años 1800... Cuando era joven aportó un nuevo significado al término «capital inflado» —hacía que su ganado pasara sed hasta que tenía que llevarlo al mercado. Entonces dejaba que bebieran hasta hartarse para que pesaran más y así conseguir mayores beneficios... Llegó a ocupar un alto cargo en Erie Railroad y aprovechó para especular con sus acciones, dejando caer «por descuido» una nota en la Bolsa. Otro corredor la recogió y vio que el papel era una orden de compra de acciones de Erie. Entonces, todos compraron. Drew fue vendiendo en pequeños paquetes, y de repente se deshizo de golpe de lo que ya tenía en el mercado. La masacre fue histórica (pág. 98, dcha.).

Charles Yerkes (1837-1905)

Un notorio y corrupto estafador que controlaba a altos cargos del ejército, gobernadores y jueces... Tras cumplir una sentencia en prisión por malversación de fondos, se aseguró el control de las empresas de tranvías de caballos en Chicago, electrificó las líneas y construyó el «Loop», la línea férrea elevada que rodea el centro de la ciudad... Sobornó a los concejales para hacer los trazados según su conveniencia y reorganizó sus empresas en varias ocasiones, atrayendo al público con capital inflado. Liquidó su *holding* por la suma de 20 millones de dólares, se fue en un barco a Inglaterra y nunca más se volvió a saber nada de él (abajo, izqda.).

Jay Gould (1836-1892)

Un financiero sin escrúpulos que disfrutaba destruyendo a sus enemigos... Atrevido, corrupto e inmoral, un maestro desplumando a sus socios y saqueando las empresas que controlaba... Compraba varias líneas de ferrocarril en mal estado, las combinaba dándoles un nuevo nombre, emitía acciones para mejorarlas y luego vendía, obteniendo unos beneficios astronómicos sin haber aumentado el capital tangible... Casi llegó a monopolizar el mercado del oro, y luego vendió su tesoro obteniendo grandes beneficios, antes de que la Tesorería de los Estados Unidos inundara el mercado con oro, haciendo así que bajaran los precios. Tuvo que escapar por la puerta trasera de su oficina porque los especuladores de oro querían lincharle... A partir de entonces se le conoció como «la hiena de Wall Street» (pág. 99, dcha.).

Andrew Carnegie (1835-1919)

Conocido como «el mayor ladrón de guante blanco de su época»... Vendió millones de dólares en acciones de ferrocarriles y puentes, consciente del mal estado en que se encontraban... Manipulaba los precios de la Bolsa, haciendo que subieran o bajaran, comprando y vendiendo para sacar provecho de las fluctuaciones... Participó en oscuros negocios de tráfico de acciones en Union Pacific Railroad, Western Union y Pullman Company... Levantó la industria del acero, consiguiendo la máxima producción en el mínimo tiempo posible, sin tener en cuenta el desgaste y la tortura que suponía tanto para sus hombres como para la maquinaria... Sembraba cizaña entre sus trabajadores para que compitieran entre ellos y rindieran más en el trabajo. Aplicaba descuentos bajo cuerda a las empresas ferroviarias para adelantarse a sus competidores... Fue cogido cuando trataba de estafar a la Marina, vendiéndole planchas de blindaje que no cumplían las normas (pág. 100, izqda.).

John D. Rockefeller (1839-1937)

Superestrella del monopolio industrial... Como cabeza de la empresa Standard Oil, controlaba todos los sistemas de conducción y el 80 por 100 de la producción de petróleo de Estados Unidos aplicando descuentos secretos a las líneas ferroviarias, realizando espionaje industrial, aplicando tarifas preferenciales y violentas tácticas terroristas... Estafó a una viuda y a sus huérfanos, que habían heredado una refinería de petróleo, pagándoles sólo un tercio de su valor real. Forzó a los clientes de las empresas petroleras privadas a que compraran a Standard, amenazándoles con abrir un negocio competitivo que vendería a precio de costo y les llevaría a la bancarrota... Obligó a los productores independientes de petróleo a aceptar unas condiciones abusivas, negándoles el uso de sus redes de conducción y forzándoles a vender lo que se extraía a precios ínfimos (pág. 100, derecha).

J. Paul Getty (1892-1976)

El tacaño magnate del petróleo... Cayó tan bajo, que llegó a engañar a su propia madre en un acuerdo relacionado con el negocio familiar... Ganó millones de dólares, burlando descaradamente la imposición de cuotas del presidente Eisenhower para limitar la importación de crudos... Estaba obsesionado con el ahorro, y economizaba en personal... Para gastar menos dinero, ordenó que sus trabajadores de los pozos petrolíferos de Oriente Medio cambiasen el sistema de cisternas de los retretes... Insistía en que los directivos de sus empresas en el extranjero se comunicasen con él por correo y no por teléfono o telegrama ya que resultaban demasiado caros... En sus últimos veinticinco años de vida, nunca visitó la central de su imperio petrolero en Los Angeles, ni asistió a una reunión de la junta directiva ni a una asamblea de accionistas.

DENIGRANDO A LA COMPAÑIA

Cómo empañar la imagen corporativa

ALIMENTICIO, QUERIDO WATSON

Después de que Houston Natural Gas Corp. se fundiera con InterNorth Inc. en 1985, la nueva compañía de conducción de gas decidió potenciar su nueva imagen mediante un cambio de nombre.

Contrató para ello a la firma de consultores neoyorquinos Lippincott & Margulies, Inc., que invirtió 4 meses en examinar cuidadosamente cientos de nombres antes de dar con el que propusieron finalmente: Enteron Corporation.

A los accionistas les costó bastante digerir el nombre: el diccionario definía la palabra *enteron* como «conducto del sistema digestivo humano». Bautizar a la nueva empresa, que poseía 37.000 millas de conducciones de gas natural, con el nombre del aparato digestivo, significaba un considerable ridículo para ésta.

Un portavoz de la compañía intentó suavizar las críticas explicando a la prensa: «La definición [del *ente-*

ron], según el diccionario, describe un conducto de importancia vital, de gran eficiencia y que transporta el alimento. Desde un punto de vista sutil, es una descripción bastante ajustada.»

Quizá era demasiado ajustada para los inversores de InterNorth, que se quejaron de que Houston Natural Gas Corp. salía mejor parada en la comparación. De hecho, se preguntaban que qué parte del *enteron* les tocaba a ellos, si la que digiere el alimento, o la que elimina los restos.

El nombre se quedó finalmente en Enron. Los accionistas aceptaron el nuevo nombre en 1986, pero todavía tuvieron que soportar la deuda de la compañía, que ascendía a 4.300 millones de dólares y un 42 por 100 de descenso en los beneficios.

¿Qué ocurrió cuando el restaurante «El Gran Gritzbe, Comidas Rápidas» cambió su nombre por el de «El No tan Gran Gritzbe...»?

El negocio antes del cambio | El negocio un mes después del cambio | El negocio tres meses después del cambio

Richard Melman, director general de Lettuce Entertain You (La lechuga le entretiene) Enterprises, sociedad propietaria del citado restaurante de Chicago durante diez años, decidió cambiar el nombre en 1983, pues los beneficios ya no eran lo que habían sido. Melman declaró: «Nuestro cambio de nombre fue tremendamente efectivo: la gente lo creyó... y dejó de venir.» Tuvo que cerrar el restaurante.

RIDICULO BANCARIO

El Continental Illinois Bank, que padeció la mayor quiebra bancaria de 1984, recibiendo una ayuda federal de 4.500 millones de dólares, necesitaba desesperada-

mente presentar una nueva imagen de institución reorganizada, responsable y en la que se podía confiar. Entonces lanzaron el eslogan: «Trabajamos duro. Es nuestra obligación.»

Los clientes potenciales fueron intensamente presionados para que creyeran en la sinceridad del banco. Uno de sus anuncios de televisión en 1986 mostraba a un portavoz del banco haciendo girar un *hula-hop* alrededor del cuello, al ritmo de la música, mientras en la pantalla parpadeaba un número de teléfono de llamada gratuita. El personaje pedía a los televidentes que llamaran a dicho número durante el «estúpido anuncio» (según sus propias palabras).

En otros *spots* de la campaña, los representantes del banco aparecían en pantalla tocando la armónica y haciendo girar bastones entre los dedos.

Los anuncios ganaron premios, pero también crearon la imagen de un banco con evidentes problemas, dirigido por una banda de alegres desequilibrados.

NEGOCIOS SUCIOS

Cuando AT&T intentó mejorar su imagen en el sur, la compañía puso a sus especialistas manos a la obra.

En 1982, AT&T pidió a sus empleados del servicio de asistencia que llevaran chaqueta y corbata para trabajar. Asimismo les facilitó flamantes portafolios para sus herramientas, los rebautizó como «técnicos de sistemas», y les dio coches sin etiquetas identificativas. Se pretendía con esta nueva imagen impresionar a las empresas usuarias.

Sin embargo la compañía no consideró necesario instalar aire acondicionado en los coches. En primavera no importaba mucho, pero cuando llegó el ardiente y húmedo verano, los técnicos llegaban a sus visitas como si acabaran de salir de una sauna.

Estos, miembros del Sindicato de Trabajadores de Comunicaciones de América, se quejaron insistentemente de que su aspecto durante las visitas a los clientes era impresentable. William Lassiter, presidente de la sucursal de Mobile, Alabama, se quejaba a *The Wall Street Journal*: «Los técnicos dicen que qué imagen corporativa van a ofrecer con la camisa empapada de sudor. La gente les pregunta si se desplazan corriendo.»

Los técnicos de sistemas, a pesar de su nuevo nombre, seguían teniendo que subirse a los postes y gatear bajo las casas, para lo cual se les permitía ponerse el mono. Los que se opusieron al cambio «voluntario» de imagen se dieron cuenta muy pronto de que no tenían más remedio que transigir. «Es que si no te pones la corbata», comentó al *Journal* uno de ellos, «te toca siempre subir a los postes».

¡QUE DIOS SE LO PAGUE!

Cuando dos neoyorkinos devolvieron un sobre perdido que contenía 10 millones de dólares en efectos comerciales de AT&T, la multinacional desaprovechó una oportunidad de oro para promover su imagen, pues bien podía haber felicitado públicamente a los dos hombres por su honestidad y haberles recompensado con unos cientos de dólares.

Por el contrario, todo lo que Ma Bell hizo fue enviarles una escueta nota agradeciéndoles su «inmediata y honesta acción». Y eso después de que ellos pidieran a AT&T una explicación.

En julio de 1981, Harvey Bugner y Edward Egan, funcionarios del Instituto de la Vivienda de Nueva York, recogieron un sobre de la acera, frente a la sede de la compañía. En su interior había 10 millones de dólares en cheques al portador. Entonces lo devolvieron a un empleado de AT&T, que dijo que un mensajero de la compañía de seguridad Goldman, Sachs & Co. lo había perdido accidentalmente.

«Cuando devolvimos el sobre, nos dijeron que gracias y nos enseñaron la puerta», dijo Bugner. «Vamos, es que ni siquiera se molestaron en tomar nuestros nombres. Desde luego, no mostraron el agradecimiento que yo hubiera mostrado en su lugar. ¿Qué hubiera pasado si otro encuentra los cheques y los cobra, o los tira? Imagínese el tiempo y el dinero que hemos ahorrado a la compañía en papeleos, si hubieran tenido que reponer los bonos.

»Y no volvimos a saber una palabra de AT&T hasta que yo les llamé. Entonces nos mandaron esta notita, y punto. Unos tres meses después salió un artículo en la prensa económica diciendo que la recompensa estaba bien para ponerla en un marco, pero que no valía para mucho más. A continuación, la agencia de bolsa de AT&T nos llamó y nos dio 200 dólares a cada uno. Pero de AT&T no volvimos a saber ni una palabra. Desde luego, perdieron la oportunidad de mejorar su imagen con cuatro duros.»

CLASIFICADO X

Un *problema* de Procter & Gamble: Encontrar a la modelo ideal para transmitir una imagen de inocencia, pureza y dulzura al jabón en escamas «Nieve de Marfil», en 1970.

La *solución*: Contrataron a la modelo Marilyn Briggs, que posa como una auténtica *madonna* sosteniendo amo-

rosamente a un niño encantador para la foto de las cajas de «Nieve de Marfil».

Un problema mucho mayor de Procter & Gamble: Descubren en 1973 que la dulce muchacha que aparece en millones de paquetes de «Nieve de Marfil» no es otra que la estrella del porno Marilyn Chambers, famosa por sus proezas sexuales en la película X *Tras la puerta verde.*

YO QUE TU NO LO HARIA, FORASTERO

Mother Jones's Son's Software Corp., de Buena Park, California, no se anduvo con medias tintas para impresionar con su imagen de «duros» a los clientes que pudieran pensar en copiar sus programas ilegalmente.

Sus condiciones de venta, en 1984, dejaban bien claro que si un comprador osaba copiar el programa ilegalmente, «la propiedad de su alma inmortal pasará a nosotros, que tendremos derecho a negociar su venta».

Y por si había alguna duda, el contrato continuaba diciendo: «Nuestros abogados se encargarán de que su vida en la tierra, tal como usted la conoce, se convierta en un infierno.»

IMAGEN DE ASESINO

En el invierno de 1986, 300.000 estorninos decidieron anidar en la planta nuclear de Commonwealth Edison Co., en Kincaid, Illinois. La compañía decidió expulsar a la bandada porque sus excrementos se acumulaban a una velocidad de una pulgada por semana.

Intentaron librarse de los pájaros con sistemas de ultrasonidos, rapaces disecadas y fuego de escopetas. Tras fracasar repetidas veces, la compañía decidió recurrir a la química: plantaron perchas con un pesticida para pájaros que envenenaba a los estorninos con el simple contacto. De inmediato, miles de estorninos empezaron a caer muertos al suelo.

Indignados defensores de la naturaleza emprendieron una feroz campaña contra Commonwealth a causa de la inesperada masacre provocada por las perchas envenenadas. No sólo murieron 270.000 estorninos, sino también un número indeterminado de halcones, buhos, gatos y perros de las cercanías de la planta. Los expertos descubrieron que los pájaros habían absorbido grandes dosis del pesticida, que a su vez había actuado sobre otros animales que se comían a los pájaros muertos.

La compañía se apresuró a retirar las perchas, pero el daño ya estaba hecho, tanto a la fauna de la zona como a la imagen corporativa de la empresa.

¿Por qué los accionistas de Lockheed Corp. salieron tan preocupados por el nivel tecnológico de la empresa tras la Asamblea de 1984?

Mientras el presidente, Roy A. Anderson, explicaba orgullosamente el resurgir de la empresa como líder de la alta tecnología, el proyector de diapositivas se volvió loco. Y cuando empezó a bromear sobre el embarazoso incidente, el micrófono enmudeció.

¡TODO DE PRIMERA!

Penas y glorias de los relaciones públicas

DORAR UNA PILDORA ENVENENADA

En el mundo de las relaciones empresariales, todo lo que parece, huele o suena mal, suele ser transformado a través de la prosa creativa en una imagen color de rosa. Por ejemplo:

En 1986, Herbalife International Inc. tuvo que pagar 850.000 dólares en sanciones impuestas por las autoridades a causa de afirmaciones falsas en la publicidad de sus productos nutritivos y adelgazantes.

¿Pero estaba la empresa contrita y avergonzada? En absoluto. Esto es lo que su presidente, Mark Hughes, declaró en una rueda de prensa: «Hoy es un gran día para Herbalife, como un sólido cimiento basado en la confianza con la que nos honran las declaraciones de las instituciones de regulación estatales y federales. Tengo el honor de anunciarles que, tras más de año y medio de discusiones y negociaciones con el Departamento de Sanidad y Consumo, el fiscal general del Estado de California y el Departamento de Sanidad de California, los tres organismos han decidido por separado que los productos Herbalife han sido y siguen siendo seguros para el público americano. Es más, todos los anuncios, etiquetas y material publicitario de nuestros productos están ya en completa consonancia con el espíritu y las normas legales tanto estatales como federales.»

First Jersey Securities Inc. fue vapuleada a conciencia el 16 de julio de 1984 por un demoledor reportaje, con portada incluida, de la revista *Forbes,* que describía a esta compañía de operaciones bursátiles, que había crecido desmesurada y sospechosamente rápido, como «matrimonio entre la avaricia y la credulidad».

En un colosal derroche de desfachatez, el departamento de Relaciones Públicas de First Jersey utilizó el reportaje en beneficio de la compañía, utilizando la portada de la revista en un folleto repleto de alabanzas que se envió a *brokers* y clientes.

«El insólito crecimiento de First Jersey ha merecido la atención de los medios nacionales, incluyendo... un reportaje de portada en la revista *Forbes*», se jactaban los autores del folleto, que, con bastante sensatez, no incluía ningún extracto del reportaje de *Forbes.* Este folleto llegaba a incluir una columna de «Cartas al Editor» que los confiados lectores pensaron que hacían referencia al reportaje de *Forbes.* No era así. Eran cartas de respuesta a otras informaciones más favorables sobre First Jersey.

Republic Airlines sufrió en el primer cuarto de 1981 unas pérdidas de 15,2 millones de dólares, pero los chicos de relaciones públicas no vieron por ello el cielo nublado.

La nota de prensa que distribuyeron afirmaba: «El consejo directivo confirmó lo saneado del estado financiero de la compañía declarando unos dividendos de 10 centavos por acción.» Lo que no decían es que lo normal era que pagaran veinte.

Las notas de prensa de Republic han mostrado siempre una gran capacidad creativa. Una de ellas, en febrero de 1980, informaba de que los ingresos netos de 1979 «habían ascendido» a la cifra de 13,1 millones de dólares, dejando de lado el pequeño detalle de que eso significaba una pérdida de un 47 por 100 en beneficios, y que la compañía había tenido unas pérdidas de 2,7 millones en el último cuatrimestre.

Mattel informó de un descenso de beneficios en 1984, pero, sin embargo, la compañía vio en ello una buena noticia.

Tras una reunión del departamento de relaciones públicas se distribuyó una nota de prensa que decía: «La moderación del crecimiento en ventas durante el tercer cuarto de la primera mitad del año es un signo evidente del éxito de nuestro plan de fomento de la demanda de juguetes a lo largo de todo el ciclo anual, con el fin de conseguir un mayor equilibrio en la producción y distribución.»

A veces incluso los mejores relaciones públicas son incapaces de convertir en buenas las malas noticias. Pero siempre se pueden suavizar... Por ejemplo:

Dow Chemical Corp. intentaba por todos los medios quitar importancia a la creciente preocupación del público por los peligros de la dioxina. En 1983, portavoces de Dow declararon que si bien era cierto que la dioxina estaba presente en el medio ambiente y era altamente tóxica, no constituía un problema serio. «No es lo mismo toxicidad que riesgo», dijo un ejecutivo de Dow. «El hecho de que exista un riesgo no significa que haya peligro.»

El Instituto del Tabaco combate la afirmación de las autoridades sanitarias de que el tabaco mata. «Es un hábito, más que una adicción», dice un portavoz. «Si el tabaco fuera adictivo, no habría gente que lo hubiese dejado.»

¿Y ESTO COMO SE LLAMA?

Comentario de un portavoz de Commonwealth Edison Co. cuando la Comisión de Regulación Nuclear encontró a dos operadores dormidos en la planta nuclear de Dresden, cerca de Chicago, en 1980:

«Depende de lo que se entienda por "dormido". No estaban tumbados. Tenían los ojos cerrados. Estaban sentados en sus controles con la cabeza en posición de asentimiento.»

GLOSARIO RELACIONES PUBLICAS-CASTELLANO

Relaciones Públicas: IBM anunció en 1985 que había «culminado la producción» de su ordenador PCjr.

Castellano: IBM dejó de fabricar el PCjr.

RP: El Banco de Boston declaró en 1985 que el hecho de que no se hubiesen declarado transferencias con bancos extranjeros por valor de 1.220 millones de dólares era un simple «error del sistema», un «lapsus administrativo interno».

Cast.: El banco fue declarado culpable de una acusación de fraude fiscal por ocultar, premeditadamente, transferencias bancarias.

RP: McDonald's Corp. comunicó en 1986 que iba a revelar los ingredientes de sus comidas rápidas como respuesta a «un creciente interés de los consumidores».

Cast.: McDonald's accedió a facilitar la información a requerimiento de las fiscalías generales de Nueva York, California y Texas.

RP: El First National Bank of Chicago declaró 23 millones de dólares como «activos no productivos» en el último trimestre de 1985.

Cast.: El banco fue estafado por un valor de 23 millones de dólares en sobregiros por un agente de compraventa de oro y divisas de Jordan.

RP: Los técnicos de Rolls-Royce dicen que en contadas ocasiones algunos de sus coches puede «dejar de proceder».

Cast.: También los Rolls-Royce se averían a veces.

RP: Texas Instruments anunció en 1984 a bombo y platillo que el Instituto de Tecnología de Massachusetts había «adquirido la cifra de 400 ordenadores TI en condiciones favorables».

Cast.: TI regaló 200 ordenadores y aplicó considerables descuentos en los restantes.

RP: Trans Florida Airlines entregaba a los pasajeros de sus aviones Conair 240 una tarjeta con instrucciones para «casos de operaciones no rutinarias».

Cast.: La compañía distribuía instrucciones de emergencia por si el aparato se estrellaba.

RP: Wegmans Food Markets of Rochester, Nueva York, puso anuncios en la prensa en 1985 solicitando «inspectores profesionales titulados asociados a tiempo parcial».

Cast.: La empresa buscaba cajeros de supermercado.

RP: ¿A qué se refería un informe de relaciones públicas que hablaba de «un suceso relacionado con la seguridad» en el que se habían producido «una rápida oxidación» y «desarreglos energéticos»?

Cast.: El núcleo del reactor de General Public Utilities se vio afectado por un incendio («rápida oxidación») y una explosión («desarreglos energéticos») que estuvieron a punto de causar una catástrofe («suceso relacionado con la seguridad»).

EN OTRAS PALABRAS, ESTA DESPEDIDO

«Despido» es una palabra muy fuerte a la que los relaciones públicas suelen encontrar sinónimos muy imaginativos, como resolución de contrato, regulación de personal, eliminación de redundancias en el área de recursos humanos o racionalización de los esfuerzos de producción. A continuación ofrecemos algunas de las perífrasis más brillantes para evitar la mención del desagradable «despido».

AT&T no se animaba a reconocer públicamente que iba a echar a la calle a cierto número de empleados de diferentes divisiones. La compañía anunció que a causa de los «excedentes» en varias divisiones se estaba diseñando un «plan de redistribución de la fuerza de trabajo» para corregir «desequilibrios de la misma». Una vez que dichos «excedentes» fuesen localizados, continuaba

AT&T, «les sería entregado un pago de separación». La empresa reconocía que muchas de estas separaciones serían «involuntarias».

Sun Oil Co., una de las diez mayores empresas de los Estados Unidos, negaba en 1985 que hubiera puesto en la calle a 40 de los 550 empleados de su central. «Estamos reorganizando nuestros recursos humanos», dijo un portavoz. «Unas veces se reorganiza a más y otras a menos.»

LTV Corp. también negó que hubiera despedido a 600 trabajadores de su planta en Aliquippa, Pennsylvania, en 1985. En su lugar los calificaba de «permisos indefinidos», un eufemismo que significaba que LTV no iba a pagar indemnizaciones ni jubilaciones.

Ante la inminente oleada de despidos masivos en 1985, Control Data Corp. no veía la forma de poner el asunto sobre la mesa. En vez de hacerlo, la empresa dijo a los empleados y a la prensa que se estaba realizando una valoración del «conjunto de técnicas *(skill mix)*» que desembocarían en un «ajuste general de la fuerza de trabajo».

Para reducir costos, Peak, Marwick, Mitchell & Co. —una de las mayores empresas consultoras de Estados Unidos— no quería meterse en una campaña de despidos en 1985. De modo que anunció que iba a buscar la «baja solicitada» de 26 personas.

International Telephone & Telegraph denominó a sus despidos de 1979 «reducción de cabezas».

Cuando los mecánicos de Continental Airlines se pusieron en huelga en 1983, Continental dijo que «los huelguistas no han sido despedidos». Sin embargo, la compañía aérea añadió que había empezado a contratar «sustituciones permanentes».

La Fábrica de Moneda Franklin no ha puesto en la calle a 80 trabajadores, insistía un portavoz en 1985. «Se han realizado unos realineamientos de posiciones y una funcionalización de operaciones», explicó.

Corporate Consultants Inc., una compañía de Tulsa que enseña a las empresas a despedir gente, anuncia que ofrece «asesoramiento en terminación de contratos y desplazamiento de personal» a empresas necesitadas de «redimensionamiento» y «reducción de actividades».

«DESDE LUEGO, ESTO NO ES UN "ADIOS" ES SOLAMENTE QUE NO NOS VOLVEREMOS A DECIR "HOLA".»

ESO POR AVISAR

En 1982, General Motors intentó una argucia de relaciones públicas que le salió bastante cara.

Poco después de que comenzaran las negociaciones entre la empresa y el Sindicato de Trabajadores del Automóvil, el presidente de GM, Roger Smith, y el secretario del Sindicato, Douglas Fraser, dieron una conferencia de prensa para anunciar que los ahorros generados por un acuerdo en los aumentos salariales revertirían en el consumidor en forma de reducción de los precios.

A consecuencia de estas declaraciones miles de clientes cancelaron sus pedidos hasta que se firmó el acuerdo, tres meses después.

NO ES LO QUE PARECE...

Cuando se emprendió la promoción de la banda sonora de *Corrupción en Miami,* en 1985, MCA Records Canadá envió copias promocionales del disco acompañadas de una bolsita de polvo blanco.

MCA pensó que era una idea genial para que todo el mundo hablara del disco. Y así fue, pero no en la forma que la compañía esperaba.

El polvo en cuestión era solamente azúcar, no cocaína. Sin embargo, debió dejar muy mal sabor de boca a los críticos, que hostigaron a MCA en la prensa acusándoles de incitación al consumo de drogas. Incluso el jefe de policía de Toronto, William McCarmick, tomó cartas en el asunto declarando: «Es de muy mal gusto... Y no lo digo por el azúcar.»

Cuando la bomba promocional les estalló en las manos, Ross Reynolds, vicepresidente ejecutivo de MCA

Records Canadá, primero dijo a los periodistas que la idea de las bolsitas había venido de la central en California, MCA Inc. Pero las investigaciones realizadas dejaron bien claro que la idea se había cocido en casa. «Normalmente nuestra gente de promoción no es tan creativa», declaró. Un empleado de MCA dejó caer que, a lo mejor, lo que les había sentado tan mal era que el polvo no fuera lo que parecía.

Reynolds insistió en que la bolsita no pretendía promover o fomentar el uso de drogas. Y añadió que el episodio le había enseñado que no se puede aventurar nada sobre el sentido del humor de la gente. «A mí me han enviado una pistola de juguete como regalo promocional —dijo—. Y no creo que fuera una incitación al asesinato.»

MAL PERDER

Como suelen hacer otras marcas de vehículos, Buick deja coches en préstamo a las revistas del motor. Lo que no es tan usual es quitarles las llaves cuando publican una mala crítica de uno de sus modelos.

Buick había prestado graciosamente a *Car and Driver* un modelo Riviera T 1987 para examen, y esperaban oír grandes alabanzas. Por el contrario, el comentario de la revista decía que con la pretensión de conseguir una «elegancia sobreentendida» lo único que Buick había conseguido era una «incoherencia sobreentendida». Otra revista del sector escribió que su conducción era tan suave como el chirrido de una tiza.

Esto no era precisamente lo que Buick quería que leyesen sus clientes potenciales, y para evitar males mayores, simplemente retiró el coche a *Car and Driver,* a pesar de que no se había concluido el test de 50.000 kilómetros que la revista estaba realizando. Esta se quejó de que la respuesta de Buick era «muy susceptible», y fuentes del sector dijeron que no se recordaba que un fabricante hubiese retirado a un redactor un vehículo en préstamo.

Thomas L. Pond, director de relaciones públicas de Buick, retiró el coche porque, según dijo, «el vehículo parecía haber desagradado profundamente a la revista, por lo que no tenía sentido obligarles a hacerle más kilómetros durante otros seis meses».

EL MAS FRESCO

El problema: ¿Cómo conseguir que *The Wall Street Journal* publicara una reseña sobre el nuevo pan de trigo 100 por 100 natural sin aditivos ni conservantes de Arnold Bakers Inc.?, se preguntaban los relaciones públicas.

La solución: Enviar al *Journal* tres rodajas de dicho pan.

El problema de la solución: Desde que el pan fue enviado desde la sección de distribución en Manhattan, en junio de 1981, tardó seis días en llegar a la redacción del *Journal* (en el mismo Manhattan), tiempo suficiente para que llegara cubierto de moho.

PREGUNTA Y TE ENGAÑARAS

En 1984, para atraer a la prensa a una convención inmobiliaria en Houston, Owens-Corning Fiberglass Corp. encargó un sondeo sobre las perspectivas del sector.

Los resultados fueron sorprendentes y venían a contradecir a la mayor parte de informes industriales, que predecían un estancamiento en la actividad durante todo el año: la encuesta Owens-Corning mostraba que los constructores preveían un aumento en las obras de un 30 por 100.

Entusiasmados con estas maravillosas noticias, los relaciones públicas de Owens-Corning convocaron una rueda de prensa a bombo y platillo, a la que invitaron a un plantel de expertos para analizar los resultados. Pero parece ser que a nadie se le ocurrió preguntar antes de la conferencia a los peritos qué opinaban de la encuesta, aunque sabían perfectamente que los resultados estaban amañados, porque sólo habían sido consultados los constructores asistentes a la convención, es decir, las constructoras mayores y más agresivas.

Pero los periodistas sí que preguntaron a los expertos. El centro de atención era Michael Sumichrast, director económico de la Asociación Nacional de Constructores de Viviendas. Cuando se le pidió una interpretación de la encuesta Owens-Corning, Sumichrast contestó: «Bueno, muestra claramente que cuando se hacen preguntas estúpidas se reciben respuestas idiotas.»

IMPACTO OLFATIVO

Cuando Elgin National Watch Co. estaba celebrando su centenario en 1961 se pretendió hacer un gran despliegue para ilustrar el papel de la empresa en el desarrollo de mecanismos de relojería para la era espacial, y a los chicos de relaciones públicas se les ocurrió un montaje que dejó una profunda impresión en las pituitarias del público.

En la exposición anual de joyería y relojería de Manhattan, Elgin instaló una carpa a la que llamaron «Sala lunar», en la que estaban expuestos los productos de tecnología espacial de la casa entre maquetas de cohetes y satélites de la NASA.

Se debían haber conformado con eso, pero, sin embargo, a alguien se le ocurrió, ya que tradicionalmente se ha dicho que la luna es un queso, comprar un enorme queso suizo de un metro de diámetro y colocarlo sobre una mesa cubierta con terciopelo negro en el centro de la «Sala lunar».

El caso es que olvidaron un par de detalles: era pleno verano y la única refrigeración del *stand* era un ventilador. El día de la apertura todo fue sobre ruedas, pero al día siguiente la bola empezó a rodar. Los peces gordos de Elgin fueron a contemplar la brillante exhibición y lo que vieron fue al público saliendo despavorido de la «Sala lunar» tapándose las narices.

A OTRO PERRO CON ESE HUESO

A mediados de los años sesenta la agencia de relaciones públicas de Chicago Harshe & Rotman Inc. salió con el rabo entre las piernas cuando intentaba hacer un sonado lanzamiento de la nueva comida para perros «Rival», 100 por 100 carne de vaca.

La agencia decidió invitar a la prensa a un almuerzo en el que el director general de la empresa y un perro con pedigrí compartirían mesa. «No estaba tranquilo del todo, porque sé que los animales pueden ser muy imprevisibles», recuerda Morris Rotman, entonces director de la agencia. «Me aseguraron que el perro, un collie, estaba perfectamente entrenado y cumpliría.»

Cuando llegó el momento, con toda la prensa impaciente por contemplar el almuerzo entre el hombre y el perro, éste hizo lo que Rotman más temía: levantó el morro despreciativamente ante la nueva comida «Rival». No hubo forma humana ni canina de conseguir que el animal siquiera olisqueara el plato.

Finalmente, fuera de sí, el director general de Rival cogió el plato del perro y se comió su contenido, para regocijo de los periodistas presentes.

Al día siguiente todos los periódicos reseñaban el acontecimiento con titulares tales como «EL DIRECTOR SE LA COMIO, PERO EL PERRO NO». Evidentemente, tras un vistazo a los resultados, la abochornada empresa despidió a la agencia. «No he vuelto a usar jamás un animal», dijo Rotman.

LA VENGANZA DE LAS CUCARACHAS

Había que promocionar el insecticida «Bandera Negra», de American Home Products', montando una conferencia de prensa. La cosa era pulverizar un recipiente lleno de cucarachas con «Bandera Negra» y otro con el insecticida X, y vean ustedes cómo las cucarachas pulverizadas con «Bandera Negra» mueren mucho antes.

Pero, contra todo pronóstico, las cucarachas no se murieron. Normalmente el insecticida es absorbido por las patas de los insectos al caminar, pero las de la conferencia de prensa se encontraban aletargadas por la baja temperatura de la sala, y no se movieron, simplemente se quedaron tan tranquilas.

«Después de treinta minutos de pulverizar a los malditos bichos estaban más sanos que yo», confesaba uno de los relaciones públicas a *Dun's Review*. «Lo único que pudimos hacer es llevarnos a la prensa a tomar copas a la barra.»

PREDICANDO CON EL EJEMPLO

¿Cuál fue la reacción de los relaciones públicas cuando la resistencia de los consumidores forzó a Ralphs Grocery Co. a desistir de su política de acostumbrar a los clientes a empaquetarse sus propias compras?

El subdirector ejecutivo de Ralphs declaró a la prensa local: «Nuestra intención era dar a los clientes la oportunidad de participar en la experiencia de la compra empaquetando sus propios pedidos, lo que nos permitía mantener una política de precios más bajos. Pero precisamente porque queremos que nuestras tiendas sean llevadas por los clientes, hemos empezado nosotros mismos a empaquetar todas nuestras compras.»

AHORA SI, AHORA NO

El departamento de relaciones públicas de Morgan Guaranty Trust Co. transmitió en noviembre de 1984 a los medios esta declaración, que resumía un discurso de Denis Weatherstone, presidente del comité ejecutivo del banco:

«El señor Weatherstone hizo hincapié en que no es esencial tomar medidas dirigidas a reducir el déficit federal.»

La corrección vino del mismo departamento al día siguiente:

«*Ahora* son esenciales las medidas de reducción de presupuestos», dijo el señor Weatherstone.

Un empleado del departamento de relaciones públicas dijo: «Seguro que al señor Weatherstone no le ha hecho ninguna gracia.»

QUE NO SE PIERDA NADA

A veces una nota de prensa en sí misma —y no sus palabras— dice mucho acerca de una empresa. Hace varios años los periodistas que recibieron una nota de prensa de Anadite Inc. supieron de inmediato que esta compañía no era nada amiga de derroches.

En diciembre de 1979 la empresa distribuyó una nota de prensa que informaba del nombramiento de Félix T. Grossman como presidente. La noticia apareció en publicaciones económicas de todo el país.

Más de un año después, Anadite volvió a enviar la misma nota. Pero había una buena razón, según afirmó un portavoz. Al parecer, haciendo limpieza en los archivos habían aparecido unas cuantas copias del documento y decidieron enviarlas en vez de tirarlas. «Sólo queríamos recordar a la gente el nombramiento», aclaró.

EL PRECIO NO ES JUSTO

En 1984, Osborne Computer Corp., que ya llevaba un año operando con un expediente de suspensión de pagos pendiente de resolución, decidió hacer algo diferente con su dossier de prensa: que los periodistas pagaran por él.

La invitación a la conferencia de prensa advertía a los periodistas que «se cobraría una modesta cantidad» por las carpetas de información. Se adjuntaba una lista de precios: 1,19 dólares, un informe de prensa; 1,69 dólares, una foto del nuevo ordenador de Osborne, etc. «Estos precios nominales dan derecho a realizar un número ilimitado de preguntas», acababa aclarando la invitación.

Osborne no esperaba en realidad que los periodistas compraran material promocional. Era simplemente un toque de humor... que no fue en absoluto entendido. Thomas Mahon, el director de relaciones públicas, explicó: «Queríamos mostrar a través de la invitación que, a pesar de los problemas, la compañía no había perdido el buen humor.»

Para su desgracia, pronto descubrieron que la prensa no compartía en absoluto su sentido del humor. Las centralitas echaban humo con las llamadas de periodistas y editores, indignados ante el hecho sin precedentes. Un editor dijo a Mahon: «Si no se pueden permitir una conferencia de prensa es que no merece la pena escribir sobre ustedes.»

RECORTANDO PERDIDAS

Normalmente un folleto está concebido para promocionar a una empresa y dar la mayor información posible.

Pero en 1984 los clientes potenciales de T. A. Associates, una sociedad de capital riesgo de Boston, empezaron a preguntarse qué era lo que la empresa tenía que ocultar, cuando ésta distribuyó por correo un boletín cuyas páginas 9 y 10 habían sido parcialmente cortadas.

Todo se produjo como consecuencia de la separación de dos socios. T. A. había hecho imprimir unos flamantes folletos que contenían las fotos y biografías de los socios E. Roe Stamps IV y Stephen Woodsum. Pero cuando los dos se retiraron para montar su propia sociedad, T. A. se encontró con que ya tenía el cargamento de folletos. Resistiéndose a la idea de tirarlos, simplemente siguieron enviándolos... después de recortar las fotos y biografías de los desertores.

Le hubiese sido mucho más rentable a T. A. tirarlos todos a la basura. Pero en vez de encargar otros nuevos, siguieron mandando los recortados, en los que además se daba una dirección antigua y se valoraban los recursos totales de la empresa en 200 millones de dólares, cuando en realidad eran 500.

EL CAMINO MAS LARGO

Ruta 1

En 1984, Jartran Inc., la empresa de alquiler de camiones, intentó arrollar a su archirrival U-Haul International.

Como «servicio público», la agencia de relaciones públicas de Jartran, Daniel J. Edelman Inc., envió a diferentes agencias de prensa y medios un dossier que contenía memorandums internos de U-Haul y recortes de prensa sobre la empresa. El paquete iba acompañado de una carta que comentaba un reportaje de aparición reciente en la cadena de televisión ABC sobre camiones de U-Haul a los que se les salían las ruedas. La carta ofrecía facilitar más información sobre «esta fascinante historia».

La receptividad fue nula. Cuando se le preguntó sobre su ética profesional, el director de marketing de Jartran, Julio Siberio, dijo que su compañía solamente estaba intentando alertar al público sobre el «peligroso equipamiento» de U-Haul.

Ruta 2

Dow Chemical Co. jugó aún más sucio. Después de que miembros de Greenpeace obstruyeran en 1985 unas conducciones de salida de residuos en una de las plantas de Dow en Michigan, la compañía hizo que se arrestara a algunos de los protagonistas de la acción. Esto estaba dentro de sus derechos, pero lo que hicieron sus relaciones públicas fue ya demasiado.

Mediante informaciones obtenidas ilegalmente, Dow supo que un análisis de sangre de uno de los miembros de Greenpeace indicaba la posibilidad de una enfermedad venérea. El exceso de celo de uno de los relaciones públicas de Dow le hizo telefonear a una activista de la localidad y contarle la noticia. Ella se lo tomó como una burda maniobra de intimidación para silenciar a los activistas, de forma que hizo pública la conversación. Los ejecutivos de Dow se las vieron y se las desearon para contener un torrente de tinta en la prensa. Al final los portavoces plantearon su versión: la compañía solamente quería localizar a dicha persona para que pudiera recibir tratamiento. (Luego resultó estar libre de la enfermedad.)

The Detroit Free Press lo expresó mucho mejor diciendo que la acción de Dow denotaba una «vileza simplona».

PROMOCIONES Y DEGRADACIONES

Cuando el marketing no funciona como debiera

LA SAGA DE LA PROMOCION DE PAN AM «CESTA CON BOTELLA»

Capítulo 1

Para demostrar la superioridad de su servicio en la competitiva ruta Nueva York-San Juan, la agencia publicitaria de Pan Am, J. Walter Thompson, se descolgó con una idea encantadora: servir a los pasajeros una botella pequeña de vino Mateus, salami en rodajas, queso y una manzana dentro de una cestita de plástico, sobre un mantel de zaraza. La campaña de prensa para anunciar la promoción está a punto.

Capítulo 2

De repente la agencia recibe una histérica llamada telefónica de Pan Am: «No publiquen los anuncios. Acabamos de recibir una tonelada de salami en rodajas, pero el contrato con el distribuidor exige que él corte a rodajas las piezas enteras.» Se cancelan los anuncios. Mientras tanto devuelven el salami y hacen un pedido urgente de una tonelada de salamis enteros.

Capítulo 3

Llegan los salamis enteros y el almacén se encarga de cortarlos en rodajas. Se preparan los anuncios para su publicación. De pronto surge otro imprevisto. Pan Am hace otra llamada de S.O.S. —las botellas de vino están en San Juan, pero las cestitas de plástico están en Nueva York. Se posponen los anuncios hasta que las botellas encuentren sus cestitas.

Capítulo 4

Se produce una confusión en los pedidos. Las cestitas son enviadas a San Juan a la vez que embarcan el vino hacia Nueva York.

Capítulo 5

Por fin se resuelven los problemas logísticos y Pan Am comunica a JWT que ya se pueden publicar los anuncios de promoción. La operación es un éxito y la compañía y la agencia respiran. Pero su alegría dura poco. Resulta que las botellas de vino repartidas en el vuelo inaugural tienen tapones de corcho a presión en lugar de tapones de rosca y que las azafatas no disponen de sacacorchos para abrirlas. Más de ciento ochenta pasajeros se quedan con las ganas de abrir las botellas en las cabezas de la tripulación.

Capítulo 6

Pan Am devuelve las cajas de Mateus a Portugal para que les envíen botellas con tapón de rosca. Por fin todos los elementos de la promoción están en orden, excepto uno. Pan Am decide cambiar el avión de su ruta a Puerto Rico por un 747 de mucha más capacidad, y la preparación y servicio de las cestitas de comida, tratándose ahora de 300 pasajeros por vuelo, resultan demasiado complicados para las azafatas. Pan Am abandona definitivamente la idea.

PROMOCIONES BANCARIAS DE ARMAS TOMAR

El South Umpqua State Bank, con sucursales en el suroeste de Oregón, regalaba un rifle Weatherby Magnum Mark V de calibre 240 —una «joya de alta velocidad»— a todos los clientes (excepto a atracadores, se supone) que depositaran más de 1.000 dólares en una cuenta de ahorro durante el año 1980.

El North Carolina National Bank, en Winston-Salem, ofrecía unas condiciones especiales de crédito en 1981 para ayudar a subvencionar a la Asociación Nacional de Rifles. Cada miembro de dicha asociación que se inscribiera tenía derecho a abrir cuentas especiales, beneficiándose de unos descuentos y disponiendo de cheques con el dibujo de una escopeta estampado. Además, el banco pagaba a la NRA un 0,05 por 100 del valor neto de las adquisiciones efectuadas por los socios con la tarjeta de crédito del banco. Teniendo en cuenta que esta promoción tuvo lugar poco tiempo después del intento de asesinato del presidente Reagan y del papa Juan Pablo II, el plan se vino abajo al cabo de dos meses.

El Bohemian Savings & Loan, de St. Louis, regalaba armas auténticas a sus clientes en 1983. Confiando en atraer impositores para cuentas a largo plazo a través de un pago de intereses efectuado en armas en lugar de dólares, el Bohemian regalaba a sus nuevos clientes escopetas Browning y Weatherby, rifles y accesorios.

El Bank of Findley, en Findley, Illinois, tuvo suerte de que ninguno de sus clientes le dijera a sus cajeros: «Deme la pistola y el dinero también.» Para mejorar su situación en 1983, el banco regalaba una pistola a modo de prima por las aperturas de nuevas cuentas de más de 2.500 dólares. Los clientes podían elegir entre un colt Python 357 o un colt Diamond 22.

«NO ME CABE DUDA DE QUE ES "UNA MONADA", COMO USTED DICE, SR. PERKINS.... PERO LA VERDAD ES QUE YO ESPERABA UNA BATIDORA.»

¿Cuál fue el fallo de la campaña de United Airlines «Llévese gratis a su esposa» en la que se ofrecía a los hombres de negocios un billete gratuito para sus señoras?

Tras el gran éxito de la oferta, United envió amables cartas de agradecimiento a las esposas. De repente, la compañía aérea comenzó a recibir cientos de cartas furiosas, escritas por las cónyuges ultrajadas, que decían que no se habían movido de sus casas y exigían que les dieran los nombres de las compañeras de vuelo de sus maridos.

Y DECIAN QUE NO VOLARIA...

Pacific Air Lines, una pequeña pero emprendedora compañía aérea, quería una campaña publicitaria que llamase la atención y aumentara sus beneficios. Por el contrario, PAL hizo la promoción más catastrófica de toda la aviación comercial —una campaña que casi les hace estrellarse.

En 1967 PAL recurrió a los servicios del cómico Stan Freberg, cuyo segundo empleo era el de consejero publicitario. Freberg sugirió que PAL se burlase de algo que nunca habían mencionado las demás compañías: el miedo a volar. Muchos directivos de la empresa se echaron las manos a la cabeza y advirtieron que la campaña podía ser una catástrofe. Pero el presidente de PAL, Matthew McCarthy, le dijo a Freberg que se pusiera manos a la obra.

Bajo la dirección del cómico, PAL insertó anuncios de página en los periódicos de Los Angeles y Nueva York. Estos decían: «¿Qué tal? ¿Nerviosos? Ya es hora de que una compañía aérea se enfrente a una cosa: a la mayoría de las personas les aterra volar. En el fondo, cada vez que el avión despega de la pista usted se pregunta si no será el fin, ¿no es así? ¿Quiere saber una cosa, amigo? Al piloto le pasa lo mismo.»

Pero PAL, siguiendo los consejos de Freberg, no paró ahí. Añadió algunos toques burlones en sus vuelos, con el fin de que la gente se riese de su miedo. Las azafatas les daban a los pasajeros un pequeño equipo de supervivencia que contenía una pata de conejo rosa, una copia del *Poder del Pensamiento Positivo,* de Norman Vincent Peale, y una galleta de la fortuna con un mensaje grabado que decía: «Podía ser peor. El piloto podría ir cantando "Acógenos en tu seno, Señor".» Además, al tocar tierra el avión, las azafatas, cumpliendo órdenes, gritaban: «¡Lo conseguimos! ¿Qué tal, eh?»

Para darles a los asustados pasajeros la sensación de seguir en tierra, PAL planeó tener bajadas las cortinas de cabina y proyectar imágenes de postes telefónicos pasando a toda velocidad. PAL también planeó pintar el exterior de un 727 como una locomotora de vapor con ruedas y todo lo demás. El sonido de la locomotora se escucharía en la cabina de pasajeros. «Por fuera la gente es como Bogart —dijo Freberg—. Pero por dentro son Peter Lorre atrapado en un hotel de Casablanca sin esperanza alguna de escapar y sudando la gota gorda.»

No es de sorprender que en aquel momento la industria aérea estuviese algo revuelta. Los directivos de otras compañías temían que la promoción asustase a los mejores clientes de todas las compañías aéreas y que prefiriesen no utilizar sus sistemas de transporte. Pero el señor McCarthy, de la compañía PAL, se burló de todas estas críticas diciendo: «A mucha gente le aterroriza volar, y nosotros pensamos que ya era hora de dejar entrar un poco de aire fresco.»

La extraña promoción sí que aclaró el aire —lo dejó limpio de aviones de PAL. En el plazo de dos meses la compañía aérea dejó de existir.

RECETA DE MONTADO DE IDIOTA

INGREDIENTES:

Jugos creativos de la agencia publicitaria J. Walter Thompson.
40 millones de dólares de Burger King.
1 Herb.

Mezcle los jugos creativos de la agencia publicitaria con todos los dólares de Burger King, amasando una campaña publicitaria hasta que aparezca «el único americano que nunca ha probado un Whopper»: Herb. Añada a Herb y adórnelo con unas gafas, traje de cuadros, calcetines blancos y zapatos sin atar. Revuelva el interés del público sazonando un concurso en el que los concursantes ganarán 5.000 dólares si consiguen ver a Herb en su Burger King habitual. Cueza la idea durante unos meses hasta comprobar que las ventas sólo han aumentado un 1 por 100. Entonces tire la campaña a la basura. De todos modos, no hay quien se la trague...

FUERA DE JUEGO

Beatrice Companies Inc. organizó un concurso durante la temporada de fútbol de 1985 llamado «La Alineación Ganadora del Lunes Noche».

Las tarjetas se encontraban sobre expositores especiales en las tiendas de comestibles. En dichas tarjetas había dos filas de puntos. Los concursantes tenían que rascar el punto exacto en el que apareciera el número correcto de intentos y goles de los partidos de ocho lunes. El juego podía realizarse después de salir los resultados, y los premios eran dinero en efectivo y regalos. El primer premio: un viaje valorado en 20.000 dólares para ocho personas a la final del «Super Bowl» en un Learjet.

A base de rascar tarjetas, Frank Maggio, un vendedor de Atlanta que había hecho un curso de teoría de juegos, empezó a notar que algunos números en particular aparecían en el mismo sitio en tarjetas distintas. Cuando averiguó el patrón que seguían, Maggio y su socio, Jim Curl, empezaron a llenar bolsas con tarjetas del concurso. Rellenaron miles de tarjetas, y cuando venció la fecha de participación en el concurso habían enviado 4.000 tarjetas acertadas.

Con unos aciertos que casi equivalían a 20 millones de dólares en premios, Maggio y Curl se dirigieron a Beatrice Companies y ofrecieron conformarse con un millón de dólares. Beatrice se negó en rotundo. Luego, la gigantesca empresa anunció en los periódicos que cancelaba el concurso, ya que se sospechaba que se habían producido operaciones fraudulentas con las tarjetas.

Maggio y Curl llevaron a la empresa a juicio amparándose en el Estatuto de Prácticas Equitativas de Comercio y reclamando la cantidad de 21,3 millones de dólares —cifra que aseguraban haber ganado en efectivo y premios. Finalmente llegaron a un acuerdo fuera de los tribunales. Los términos de dicho acuerdo se mantuvieron en secreto.

¿Por qué se cuestionaron los viajeros más observadores la credibilidad de la promoción de Braniff de 1984, en la que se aseguraba que los pasajeros que adquirieran un billete de ida y vuelta podrían ganar dos billetes gratis a Hawai?

Porque ni Braniff ni las otras tres compañías patrocinadoras de la promoción volaban a Hawai.

DEMASIADO FACIL

Los ejecutivos de la empresa Ragu Foods Inc. se pusieron del color de la salsa de espaguetis que fabricaban cuando en 1986 planearon un concurso que se convirtió en modelo de desastre.

En anuncios de periódicos por todo el país, Ragu promocionaba un juego sencillo para el que sólo se precisaban tres etiquetas de productos Ragu. «Haga coincidir los símbolos impresos en esta tarjeta oficial del concurso con un paquette de salsa Ragu para espaguetis en su tienda de alimentación favorita», decía el anuncio. Los premios oscilaban entre los 100 y los 1.000 dólares, según el número exacto de símbolos que coincidieran.

Ragu, que planeaba dar unos 200.000 dólares en premios, dijo que las probabilidades de ganar 1.000 dólares eran de 1 entre 385.000. Sin embargo, para su sorpresa, descubrieron una errata de imprenta justo a continuación de haber empezado el concurso. La errata hacía que las posibilidades fuesen de 1 sobre 1.

Temblando ante la idea de tener que pagar millones de dólares, ya que todas las tarjetas eran ganadoras, Ragu canceló la promoción.

PARTICIPE EN ESTE CONCURSO BAJO SU PROPIA RESPONSABILIDAD

El concurso promocional que Northwest Airlines realizó en 1981 tenía varios puntos importantes a considerar. El enorme, y único, premio era el uso de todo un Boeing 727 para viajar a Fort Lauderdale, Florida, base de la compañía aérea, además de tres noches en un hotel de lujo para noventa y tres personas.

La compañía anunció la promoción publicando páginas en diferentes periódicos que decían: «Gane un jet a Florida y lleve con usted a 92 amigos... Lleve a sus parientes. Lleve a sus compañeros de trabajo. Lleve a su grupo de la iglesia, club o vecindario.»

Ahora las preguntas:

Pregunta.—¿A quién no mencionaba Northwest en el anuncio cuando debería haber sugerido que viajara con el ganador?

Respuesta.—Al contable del ganador.

P.—¿Por qué debería llevar el ganador a su contable?

R.—Para que éste pudiera explicar un punto clave que no había mencionado Northwest: que el ganador podría perder hasta la camisa.

P.—¿Por qué iba el ganador a terminar como un perdedor?

R.—Los premios en concursos de este tipo están siempre sujetos a imposición. El ganador de la promoción Northwest habría estado obligado a cubrir los impuestos correspondientes a sus amigos. Si el ganador hubiera utilizado el valor total del premio habría añadido otros 50.000 dólares a su base imponible de 1981.

P.—¿Qué hizo Northwest para intentar compensarlo?
R.—Siguiendo los consejos de los abogados, la compañía aérea ofreció 15.000 dólares para ayudar al ganador a pagar los impuestos.

P.—¿Qué tenía esto de malo?
R.—Que el obsequio en efectivo también estaba sujeto a imposición.

P.—¿Qué pasó por fin?
R.—El ganador renunció al viaje gratis y aceptó una cifra en efectivo.

> ¿A qué compañía se le vio el plumero cuando ofreció como regalo un libro de recetas picantes?
> A los laboratorios Miles, fabricantes de Alka-Seltzer.

LA LETRA PEQUEÑA

En 1985 algunos ganadores del concurso de Corning Glass Works no se alegraron mucho de su suerte.

Es cierto, habían ganado el cuarto premio, que era un gran frasco de perfume, pero no les convencían mucho las reglas del concurso. Estas decían: «No es necesaria la adquisición» en letra destacada. Hasta ahí ningún problema. Pero luego, en letra pequeña, añadía: «Para solicitar el premio consulte la Regla número 2.» ¿Y cuál era la Regla número 2? «Para reclamar el premio envíe por correo... 2 dólares, además de dos comprobantes de compra...»

CAMPAÑAS DE MALA PUBLICIDAD

Anuncios que jamás deberían haber salido a la luz

DE HEROE A CERO

Ningún anuncio ha sido tan ofensivo para las mujeres ni tan fatal para el producto que trataba de promocionar como el de un detergente llamado «Héroe» que apareció en TV.

En 1969, Lever Brothers presentaron al «Héroe», pero pronto lo mataron porque su anuncio sexista en TV se pasó de la raya, glorificando la adoración desmesurada de las amas de casa por un simple paquete de jabón.

En el anuncio televisivo, producido por la agencia publicitaria Doyle Dane Bernbach, aparecía una caja de jabón de ocho metros de altura con una figura parecida a una escultura de un dios griego a la que acompañaba una explosiva voz masculina. Apiñadas alrededor de la base de la caja, había una horda de mujeres angustiadas, de ojos brillantes, con los brazos en alto suplicándole a su «Héroe». Las mujeres lo miraban arrebatadas mientras él decía: «Soy el "Héroe", aquí estoy. Soy un detergente potente con cualidades todavía desconocidas... Limpio gracias a mi fuerza... Sus manos podrán palpar la suavidad. Amigas, amas de casa, mujeres del campo, ¡traedme vuestra colada!»

Llegado este punto las mujeres ya no podían más: empezaban a saltar a su alrededor gritando: «Quiero la limpieza de un "Héroe". Quiero una limpieza potente, pero suave. Quiero verla. Quiero sentirla. Quiero verla. Quiero sentirla. Quiero que mis ojos vean esa limpieza. Quiero que mis manos sientan esa suavidad.»

Era suficiente incluso para impresionar al machista más acérrimo.

PASATIEMPO DE LA PEOR PUBLICIDAD

(Haga coincidir el anuncio con su producto)

1. Cadáver en un féretro	A. Baterías
2. Sacerdote	B. Asociación Nacional de Rifles
3. Niño desnudo	C. Promotora de urbanizaciones
4. Sacerdote y monje	D. Revestimientos de madera
5. Tren a punto de arrollar a un coche en la vía	E. Brandy

(La solución en la página siguiente)

Respuestas:

1-C: En 1985 el Grupo Cuyahoga decidió promocionar su nueva residencia de descanso para empresas, Pierre-Par-La-Mer, publicando un anuncio en revistas empresariales. En él aparecía un ejecutivo dentro de un féretro con un titular que describía la escena con estas palabras: LO ULTIMO EN STRESS EMPRESARIAL. El error fue grave. Provocó una respuesta tan negativa que debieron retirarlo.

2-B: En un anuncio de 1985 de la Asociación Nacional de Rifles aparecía el reverendo doctor Stacy Groscup empuñando un rifle y diciendo: «Soy la NRA.» ¿No sería más propio de un sacerdote predicar la palabra de Dios, en lugar de anunciar rifles?

3-D: Por algún oscuro motivo, State Industries Inc. utilizó a un niño desnudo en un anuncio de revestimientos de madera en 1983. Debajo del titular, NO TIRE AL BEBE CUANDO VACIE SU BAÑERITA, había una foto de un niño que salía volando por la ventana con el agua sucia. Es lo que deberían haber hecho con el responsable de la idea.

4-E: Glenmore Distilleries, distribuidora de licores del Noroeste, presentó un irreverente anuncio en 1986 que explotaba el uso de vino en la eucaristía católica. En el anuncio, en español, aparecían un sacerdote y un monje mirando hacia el cielo con copas de brandy Felipe II en las manos. El texto decía: «Beber no es pecado.»

5-A: Resulta fácil comprender por qué las diferentes cadenas de TV se negaron a emitir en 1985 un spot de Industries GNB sobre baterías Champion. En el anuncio televisivo aparecía un presentador junto a su coche, que estaba atravesado en la vía del tren. Explicaba pausadamente las virtudes de arranque de las baterías Champion a la vez que se acercaba a él un tren a toda velocidad. En el último momento subía al coche y arrancaba, saliendo disparado y a salvo. Las TV pasaron el anuncio sólo después de añadirle un aviso en el que se avisaba a la gente que no lo probasen, ya que se trataba de un truco publicitario. Aun así, los grupos en favor de la seguridad del consumidor provocaron tal alboroto que hubo que suspender el anuncio.

¿A qué empresa se empezó a mirar con suspicacia desde que publicó un anuncio en 1983 con un titular que decía: HACE FALTA ALGO MAS QUE UN PECHO ROBUSTO Y UNA MANDIBULA FUERTE PARA ATRAER AL CLIENTE?

A King-Seeley Thermos Co., cuyo chocante titular acompañaba a una fotografía con varios termos.

¿Por qué dejó de aparecer en los anuncios de TV Frank Sellinger, director ejecutivo de Joseph Schlitz Brewing Co., después de pedir a los espectadores que comparasen su cerveza con las marcas de la competencia?

Sellinger recibía demasiadas llamadas telefónicas a horas intempestivas de entusiastas consumidores de Schlitz que querían informarle de los resultados de sus comparaciones.

UN ANUNCIO DE LO MAS SABROSO

En 1986, Silo, una cadena de aparatos electrónicos, anunció en TV un equipo estéreo del que afirmaban que sólo costaba «299 plátanos». A continuación docenas de clientes de Seattle y El Paso que habían interpretado el anuncio al pie de la letra aparecieron con un total de 11.000 plátanos.

Silo tuvo que aceptar el pago en fruta, perdió 10.465 dólares en estéreos y no se volvió a anunciar en TV.

¿Quién estuvo cobrando un sueldo de Gillette durante cinco años por *no* aparecer en sus anuncios?

El nadador Mark Spitz, récord olímpico en medallas de oro en 1972. Tras firmar un lucrativo acuerdo con la firma Gillette, Mark fracasó estrepitosamente como modelo publicitario en TV, así que cogió el dinero y se zambulló.

A CADA IACOCCA LE LLEGA SU EDSEL

En unos anuncios publicitarios de 1985 Lee Iacocca pedía a los americanos que escribiesen a Washington mostrando su oposición al descenso de los *standards* de eficacia del combustible para los fabricantes de automóviles.

El presidente de Chrysler quería hacer creer a todos que estaba encabezando un movimiento de tendencia ecologista en favor de la conservación de la energía. Pero su campaña se volvió contra él cuando muchas personas se dieron cuenta de que se trataba de una trampa para poner al gobierno en contra de sus competidores.

Todo empezó cuando la Dirección General de Tráfico quiso cambiar la ley para permitir a los fabricantes que disminuyeran la media de consumo de combustible por milla de 27,5 millas por galón a 26. Esto agradó a General Motors y a Ford, que fabrican la mayoría de los coches grandes de América y no alcanzaban los nuevos *standards*. Pero Iacocca quería que se aplicase la nueva ley estrictamente por motivos egoístas —Chrysler vendía una proporción mayor de coches pequeños que sus otros dos competidores principales.

Para aumentar las ventas de sus nuevos modelos más pequeños, Iacocca contrató anuncios en prensa y revistas por valor de 225.000 dólares y los disfrazó de mensajes públicos. Quería intensificar el apoyo público a la nueva ley. Pero la respuesta no fue exactamente la que Iacocca tenía pensada. La mitad de las cartas enviadas a la Dirección de Tráfico provenían de amantes de los coches grandes, que discrepaban radicalmente con Iacocca. La campaña publicitaria de «servicio público» sólo consiguió 500 cartas de apoyo, lo que significa que Chrysler se gastó 450 dólares por cada carta de apoyo.

¿Qué empresa tuvo la audacia de utilizar una canción que hablaba de evitar los juicios de paternidad para su propaganda en TV?

Pepsi. Transformó la canción de Michael Jackson «Billie Jean» en el sonido de la nueva Generación Pepsi en 1984.

CUESTION DE OPORTUNIDAD

United American Bank, de Louisville, lanzó una campaña en 1983 bajo el lema: «Unidos nos mantenemos en pie.»

Tres días más tarde: El banco se vino abajo.

Eastern Airlines destacaba en su anuncio de 1981 que su «personal tiene algo que 18.000 empleados de otras compañías no tienen. Un trabajo. Porque el año pasado, mientras otras compañías despedían a casi 18.000 personas, Eastern ampliaba su plantilla... En Eastern creemos que no se puede prescindir de servicios sólo porque sean malos tiempos.»

Dos días antes: Un programa de radio informaba: «Eastern reducirá su plantilla en 3.000 empleados, la mitad de los cuales serán despedidos...»

Continental Airlines puso un anuncio en 1983 que decía: «Celebre el nacimiento de nuestra nueva línea aérea.»

Un día antes: Debió ser un parto doloroso: Continental se acogió a los procedimientos legales de suspensión de pagos, reduciendo la plantilla y el sueldo de los que quedaron.

Eastern Airlines anunció por la radio en 1985 descuentos especiales en algunas rutas de su «nueva y reestructurada empresa».

Un día después: Eastern tímidamente admitió que se había anunciado a sí misma de forma accidental como empresa en suspensión de pagos. Cuando la empresa había entrado en quiebra técnica por su deuda a largo plazo de 2,1 millones de dólares, al haber fracasado las conversaciones con los sindicatos, se encargó el anuncio a la radio. Sin embargo, Eastern negoció un nuevo convenio que le salvó de la bancarrota, y se olvidó de cancelar el anuncio.

ALGO DESCUIDADO

En 1984, para celebrar la recuperación económica del Medio Oeste, AmeriTrust Corp., un *holding* bancario con sede en Cleveland, insertó varios anuncios citando a tres empresas y a su nueva tecnología, que estaba forjando el «renacimiento de la industria en la parte central de Estados Unidos».

Los anuncios eran una buena idea, aunque no exactos del todo.

Los anuncios señalaban que una de las empresas, Hunt Steel Co., subsidiaria de Hunt Energy Co., había «instalado una moderna minifundición en una planta abandonada de Youngstown (Ohio) y compite con éxito gracias a la más moderna tecnología, controlada a través de ordenadores...»

Desgraciadamente, no era cierto. Lo que sí resultó ser cierto fue que AmeriTrust y su agencia de publicidad no habían comprobado la información. Hunt Steel había cerrado ocho meses atrás porque no podía hacer frente a una factura de gas de 564.000 dólares. Luego, cuatro meses después, su afiliada, Hunt Energy, se acogió al capítulo 11 de la ley de suspensión de pagos.

El anuncio fue realizado por Edward Howard & Co., una agencia de Cleveland cuyo presidente, John T. Bailey, admitió: «Fue un descuido.»

¿Cómo descubrió la empresa Pfeiffers Brewing Co. que un anuncio impreso no siempre sirve para la radio?

Cuando anunciaron —y rápidamente retiraron— el que describía a Pfeiffers como la «cerveza de la P silenciosa» *.

UN REGALO PARA APRENDER

Un anuncio de ordenadores Apple estuvo poco tiempo en el mercado debido a un embarazoso error por parte de su agencia de publicidad, BBDO/Nueva York.

La agencia elaboró un anuncio en el que se destacaba que «Apple II» era «el mejor ordenador utilizado en la enseñanza» en el cual aparecía un error ortográfico. En el anuncio, que salió en las más importantes publicaciones de 1986, se veía una clase con una pizarra recordándoles a los alumnos los deberes para «manaña».

¿Qué hizo Apple después de ver el error?

Le envió al director de arte de BBDO un ordenador «Apple II» con diccionario incorporado.

ASOCIACIONES ILICITAS

PRUEBA 1

Piedmont Airlines quería promocionar una asociación entre ellos mismos y el rugby universitario, así que en

* Fonéticamente, el eslogan puede sonar como «La cerveza de la meada silenciosa». *(N. de los T.)*

1981 publicó anuncios en los programas de rugby de más de cuarenta universidades. En el anuncio aparecía una fotografía del entrenador del Notre Dame, Knute Rockne —una elección bastante extraña, teniendo en cuenta que murió junto a siete personas más en un accidente de aviación en 1931—. Cuando W. G. McGee, vicepresidente de Piedmont, se informó del fallo dijo que se había incluido a Rockne en la foto «en homenaje a su personalidad y no por el modo en que dejó este mundo».

PRUEBA 2

En unos anuncios Anheuser-Busch decía que su refresco de champán Baybry era el que se había servido en la fiesta de celebración del primer vuelo del «Spruce Goose», el gigantesco avión de Howard Hughes. Pero resulta que el aparato en cuestión no había tenido muchos vuelos, sino que, muy por el contrario, había sido uno de los mayores fracasos de la historia de la aviación. El enorme avión, de madera y con ocho motores, sólo voló en una ocasión en 1947 una distancia de menos de 1.500 metros y a una altura de sólo veintitantos metros.

CON LA TRADUCCION PIERDE ALGO

Cuando las empresas intentan vender sus productos en países extranjeros con frecuencia su publicidad —si la traducción es demasiado literal— no termina de transmitir el mensaje. Algunas empresas han descubierto que la publicidad en tierras extrañas puede traer quebraderos de cabeza. Por ejemplo:

Cuando General Motors Corp. destacó en un anuncio para Bélgica «Body (carrocería) by Fisher», la traducción literal en flamenco decía: «Cadáver por Fisher».

Schweppes Tonic Water tuvo que acortar su nombre en Italia a Schweppes Tonica, porque «il water» es la forma coloquial de denominar al retrete.

Pepsico se tropezó con problemas de traducción en Alemania, cuando los consumidores interpretaron el eslogan de la campaña de Pepsi «Come Alive» (Llega viva) como «surge de la tumba».

Coca-Cola tuvo que cambiar su nombre en China en 1986 tras descubrir que su equivalente fonético, «*Ke Kou Ke La*», significaba «Muerde el renacuajo de cera».

General Motors Corp. no podía entender por qué eran tan escasas las ventas en Latinoamérica, después de presentar su nuevo y económico automóvil, el Nova. Por fin alguien informó a GM de lo que significa en español «no va».

LA VERDAD DESNUDA SOBRE LA CAMPAÑA PUBLICITARIA «HISPANA» DE BRANIFF

En un esfuerzo por persuadir a los hispanos de Estados Unidos de que volaran con Braniff Airlines, su campaña publicitaria de 1987 hizo creer a la gente que volarían desnudos.

El anuncio, que apareció en la televisión de habla hispana y en diversas emisoras de radio, destacaba los asientos de cuero de los aviones de Braniff. El anuncio de la radio decía a los oyentes que volarían con Braniff «en cuero».

Todavía más alarmante era el anuncio de TV que invitaba al pasajero a volar «en cuero» con «tres pulgadas más». Posiblemente se refería a un poco más de espacio para las piernas, pero aquellos que habían entendido «en cueros» finalmente ya no sabían qué pensar...

BOLAS PUBLICITARIAS

Tomando el pelo al consumidor

DEBERIAN PROHIBIR LOS ASTERISCOS (*)

De qué modo emplean las empresas un símbolo inocente y la letra pequeña para confundir al consumidor

En 1986, Victor Technologies Inc. insertó un anuncio en un periódico con un encabezamiento que decía: «Por 2.495 dólares *, lo que ve es lo que obtiene.» En la foto aparecía un ordenador personal «Victor V286» con monitor y vídeo.

* No incluye el monitor o el vídeo.

Resort Investment Corp., de Columbia, Carolina del Sur, insertó un anuncio en la prensa prometiendo viviendas totalmente amuebladas de dos dormitorios en el paseo marítimo de Atlantic City por sólo 89.000 dólares.

Le costará 89.000 dólares si encuentra a otros dos amigos, socios, o familiares, ya que el precio real de cada vivienda es de 269.700 dólares.

En 1985, Ramada Renaissance Hotel de Denver trataba de atraer clientes con un anuncio en la prensa que en letra destacada prometía «Habitación Gratis». Pero más adelante aparecía el temido asterisco.

---

* «Aparcamiento 55 dólares por noche (Aparcamiento obligatorio).»

En 1986, Magnussen-Barbee, un concesionario Ford/Lincoln/Mercury de Napa, California, publicó en la prensa un anuncio en el que aparecían cinco coches y un camión. Debajo de cada anuncio había un precio en letras grandes con un asterisco.

---

* «Los precios son sólo a título informativo. No reflejan el precio real de venta al público.»

Marvin Les-Lee, una casa de electrodomésticos en Great Neck, Nueva York, publicó una lista de precios con un horno de microondas al atractivo precio de 289,88 dólares.

La puerta del horno se factura aparte.

El titular de un anuncio de Louisiana Savings, de Baton Rouge, en 1986 decía: «Cuenta Corriente Sin Gastos» *.

---

* «200 dólares saldo mínimo requerido para este servicio. Los primeros 25 cheques se procesarán de forma gratuita, los que sigan, a 15 centavos por unidad.»

Harry Smith Woodworking, de Hellam, Pennsylvania, ofrecía a los consumidores una «cama de agua gratis» en un anuncio de 1986.

Tendría que comprar un equipo para llenarla y vaciarla, cuyo precio normal es de 3 dólares, por 159 dólares.

LA BROMA TELEFONICA

Cientos de miles de clientes de los sistemas Bell pagaron de 65 a 175 dólares en 1980 por teléfonos de diseño con formas antiguas o diseños modernos como el de Mickey Mouse.

Un año más tarde dichos compradores averiguan que no son en absoluto propietarios de los teléfonos —lo único que les pertenecía era la cubierta de plástico. Bell se reservaba el derecho de propiedad del interior.

Los clientes recibieron la grosera advertencia en junio de 1981, cuando las subsidiarias de Bell les comunicaron a los propietarios de las cubiertas que podían adquirir el mecanismo interior por 30 dólares. Los clientes también descubrieron que habían estado pagando unas mensualidades de hasta 2,15 dólares por unos teléfonos que creían de su propiedad.

«Estaba indignado —dijo un cliente a *The Wall Street Journal*—. Es como comprar un coche y que la Ford te facture más tarde el motor y la transmisión.» Otro dijo: «No estoy dispuesto a pagar 65 dólares por cien gramos de plástico.»

AT&T insistió que su actitud había sido «clara y directa» al advertir a sus clientes que Bell se reservaba el título de propiedad del mecanismo de los teléfonos. De hecho, añadió la empresa, la siguiente información acompañaba a cada uno de los teléfonos: «La cubierta del teléfono es de su propiedad. Para garantizar la calidad, todo el mecanismo... será propiedad y responsabilidad de Bell Telephone Co.»

Lo que no dijo la empresa es que dicha información estaba compuesta en un tipo de 1,5 mm. de altura.

UN PRESTAMO TRAICIONERO

Household Finance Corp. hizo su agosto durante las Navidades de 1985 a costa de la gente que andaba corta de fondos.

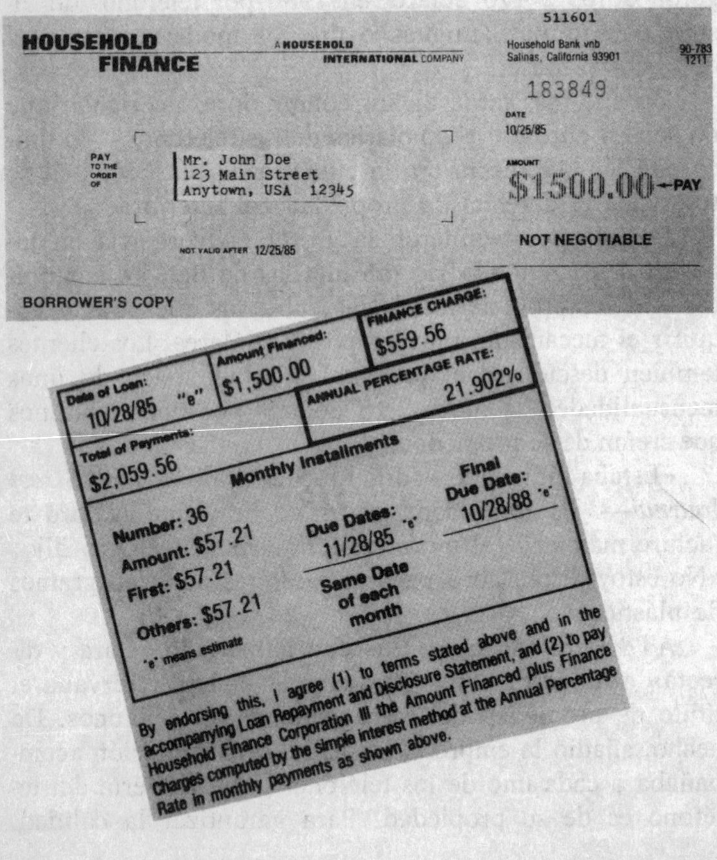
511601
HOUSEHOLD FINANCE
A HOUSEHOLD INTERNATIONAL COMPANY
Household Bank vnb
Salinas, California 93901
90-783
1211
183849
DATE 10/25/85
PAY TO THE ORDER OF
Mr. John Doe
123 Main Street
Anytown, USA 12345
AMOUNT $1500.00 ←PAY
NOT NEGOTIABLE
NOT VALID AFTER 12/25/85
BORROWER'S COPY

Date of Loan: 10/28/85 "e"
Amount Financed: $1,500.00
FINANCE CHARGE: $559.56
ANNUAL PERCENTAGE RATE: 21.902%
Total of Payments: $2,059.56
Monthly Installments
Number: 36
Amount: $57.21
First: $57.21
Others: $57.21
"e" means estimate
Due Dates: 11/28/85 "e"
Same Date of each month
Final Due Date: 10/28/88 "e"

By endorsing this, I agree (1) to terms stated above and in the accompanying Loan Repayment and Disclosure Statement, and (2) to pay Household Finance Corporation III the Amount Financed plus Finance Charges computed by the simple interest method at the Annual Percentage Rate in monthly payments as shown above.

La empresa lanzó un dudoso *mailing* que injustamente explotaba el deseo de los clientes de hacerse con dinero rápido, enviándoles unos cheques, no solicitados, durante los días anteriores a la Navidad. Estos cheques, que debían cobrarse antes del 25 de diciembre, se convertían automáticamente en préstamos de alto interés. La carta que acompañaba a cada talón decía: «Esta es nuestra forma de demostrarles lo rápido y fácil que es conseguir dinero de HFC.»

Lo que no decía la carta, sino una pequeña nota adjunta, era que el préstamo iba acompañado de un astronómico interés del 22 por 100: bastante superior al de cualquier tarjeta de crédito.

SELLO DE DESAPROBACION

Otros ejemplos de publicidad engañosa enviada a través de mailings

Wells Fargo Bank hizo un *mailing* en 1986, ofreciendo a sus clientes una póliza contra robo o pérdida de tarjetas de crédito. Por la suma de 12 dólares anuales, aseguraba el banco, «la protección para las tarjetas de crédito le reembolsa hasta 5.000 dólares por incidente». Sin embargo, la ley estatal obligaba a los vendedores de seguros para tarjetas de crédito a notificar a los futuros compradores que la responsabilidad civil por el uso no autorizado de una tarjeta de crédito robada o perdida es de tan sólo 50 dólares. ¿Y dónde estaba el aviso de Wells Fargo? Impreso en el interior del sobre.

En 1986, Shell Oil Co. envió a sus clientes un sobre que decía: «Aviso importante para los poseedores de tarjeta de crédito Shell.» También decía: «Aviso previo a la cancelación.» Los socios abrían los sobres sólo para descubrir que el interior era una oferta de un plan de protección de tarjeta de crédito que Shell les quería vender.

Regency Olds, de Lakewood, Nueva Jersey, envió una postal en 1985 con el remite de GM Protection Plan Headquarters, P. O. Box C, c/o Regency Olds, Lakewood, New Jersey. El mensaje era bastante alarmante: «¡URGENTE! Póngase en contacto con nosotros lo antes posible... (y) tenga a mano la garantía de los fabricantes de General Motors.» A continuación, en la tarjeta aparecía un número de teléfono gratuito. ¿Era éste un aviso de seguridad tan importante? No. Se trataba de una astuta oferta por parte de Regency Olds de una garantía a largo plazo.

JUZGUE POR SI MISMO

En los catálogos de venta por correo, Hammacher Schlemmer & Co. proclamaba que sólo vendía lo mejor. Ofrecía «el mejor molde para *gofres*», «la mejor sartén eléctrica para comida china» y «el mejor contestador automático», todo de lo «mejor».

Y la empresa respalda dichas afirmaciones por medio de pruebas «independientes». Entonces, ¿dónde estaría el engaño? En la definición de la palabra «independiente» que hace Hammacher Schlemmer.

En una carta de promoción que enviaron en 1986 a clientes potenciales, el presidente de la empresa, John R. MacArthur, decía que una organización de «consumidores» independiente y «completamente ajena» probaba y comparaba todos los productos. Sin embargo, se olvidó de mencionar algunos hechos, por ejemplo:

- Que la organización encargada de efectuar las pruebas se llama Hammacher Schlemmer Institute.
- Que el instituto está subvencionado por Hammacher Schlemmer & Co.
- Que la junta directiva del instituto está compuesta por ejecutivos de Hammacher Schlemmer.
- Que el instituto se encuentra en la sede central de la empresa Hammacher Schlemmer en Chicago.

El director ejecutivo de Hammacher Schlemmer, Richard Tinberg, comentó en *The Wall Street Journal* que el instituto es una división independiente que evalúa productos sin tener en cuenta influencias internas, tales como el margen de beneficios de la empresa o el nivel de stocks. En su opinión, ello permite que el cliente tome «decisiones inteligentes y bien documentadas a la hora de hacer una adquisición». Sin embargo, en su almacén de Nueva York algunos de los carteles tenían poco de informativos. Estos comunicaban a los clientes que los objetos en venta habían sido declarados los «mejores» tras un test de comparación con otros —sin mencionar quién había realizado las pruebas.

Esto recuerda las palabras de la malvada madrastra de Blancanieves: «Espejo, espejito mágico, ¿quién vende los mejores productos del mercado?» Usted, Hammacher Schlemmer, porque el Instituto Hammacher Schlemmer lo dice.

GENTE IRREAL EN SITUACIONES REALES

Los anuncios que la empresa John Hancock Mutual Life Insurance presentó en televisión bajo el título «Vida Real, Respuestas Reales» durante los años 1986 y 1987 hicieron que la gente creyera, tal y como afirmaba la empresa, que aparecían «personas reales en situaciones reales» dando detalles de sus situaciones económicas concretas.

Por ejemplo, aparecía John Wilder, un jefe de personal que ganaba 43.000 dólares, y su esposa Sandy. El anuncio decía que la pareja «vino a nosotros hace poco para que les aconsejáramos sobre diferentes formas de incrementar y acumular su capital con el fin de asegurar la educación de sus hijos». También aparecía Linda Fuller, una bibliotecaria divorciada que ganaba 20.000 dólares y recibía además una pensión por su hijo de 6.000 dólares. Le preocupaba que el dinero no le alcanzara para pagar la educación de su hijo cuando éste fuera mayor. «Y de alguna forma... compréndame... tendré que encontrar una solución... y tendré que hacerlo yo sola», decía en tono solemne.

A la pregunta de cómo se las arreglaba John Hancock para encontrar clientes dispuestos a revelar tanta información sobre su situación económica en televisión, el portavoz de la empresa, Ralph Brunner, admitió que las personas que aparecían en los anuncios eran actores. «En ese sentido —dijo—, no son gente real.»

GENTE REAL EN SITUACIONES IRREALES

En 1982 el First American Bank de Virginia publicó anuncios a toda página en diferentes periódicos en los que aparecían los cuatro ejecutivos de mayor categoría del banco en pleno centro del distrito financiero de Manhattan.

El titular del anuncio decía: «Miramos a los grandes directamente a los ojos.» El anuncio, que afirmaba que las empresas no precisaban «dirigirse a una ciudad como Nueva York» para realizar sus operaciones bancarias, incluía una leyenda referente a los ejecutivos del banco que empezaba diciendo: «Fotos en Wall Street...»

Lo cierto es que la foto de los ejecutivos se hizo en un estudio de Washington D. C. Sus imágenes fueron recortadas y montadas sobre una foto de Wall Street. Rick Barrow, director de arte de Woods & Co., agencia encargada de la publicidad del banco, comentó: «No tratamos de engañar a nadie. Realmente no están allí. Por eso recalcamos en la leyenda lo de *fotos* en Wall Street.»

PARTO DOLOROSO

Para promocionar el Plymouth modelo 1986, Chrysler Corp. lanzó una campaña publicitaria diseñada para tocar la fibra patriótica del consumidor americano. La campaña se titulaba «Nacido en América».

En el anuncio aparecía un músico estilo Bruce Springsteen que cantaba, con voz chillona, una conmovedora balada patriotera, acompañando a secuencias de modelos Plymouth intercaladas entre banderas al viento, imágenes de las cataratas del Niágara y montañas de grano color ámbar. En efecto, cualquiera hubiera pensado que los modelos Plymouth se fabricaban en los Estados Unidos.

Pero no todos nacieron —o nacen— ahí. La minicamioneta Voyager, uno de los vehículos más populares de Plymouth, se fabrica en Windsor, Ontario. No sólo eso, sino que la mayor parte de los Voyagers están dotados de un motor de cuatro cilindros fabricado en Japón por la firma Mitsubishi. ¿Cómo explica Chrysler tal contradicción? A. C. Liebler, director de marketing de la empresa, dijo a los periodistas: «Se trata de una campaña americana —y Canadá se encuentra en América del Norte.» Su jefe, Joseph Campana, vicepresidente de marketing de Chrysler, insistió en que los vehículos habían «nacido» en los Estados Unidos —porque allí fueron *diseñados.*

Sin embargo, para no ser injustos con Chrysler, hubo un tiempo en el que el fabricante de automóviles sí hacía una distinción entre los coches fabricados en EE. UU. o en Canadá. En algunos de los anuncios publicados en 1986, Chrysler ofrecía descuentos «en cada uno de los

coches y camionetas fabricados en América». Pero la letra pequeña del anuncio decía que la oferta no incluía la minicamioneta. «En este caso, América se refiere a Estados Unidos», dijo un portavoz de la empresa.

DE COMO ALGUNAS EMPRESAS TOMARON EL PELO A ALGUNA GENTE EN ALGUN MOMENTO

Hewlett-Packard

En anuncios publicados entre 1984 y 1985, la empresa Hewlett-Packard decía que su calculadora HP12C de 120 dólares reunía «las condiciones de exactitud exigidas por la FDIC y la Regulación Z».

La verdad: Todas las calculadoras de venta en el mercado reúnen dichas condiciones.

Kenner Products

En 1985, en los anuncios de esta empresa de juguetes, promocionando el bebé Upsy, unos niños pequeños tiraban de la cuerda del muñeco, pulsaban un botón y con una alegre mirada observaban cómo Upsy Baby se levantaba él solito.

La verdad: Los niños necesitaban la ayuda de mamá o papá para hacer funcionar el muñeco, ya que había que seguir paso a paso un complicado manual de instrucciones.

Arby's

En una multimillonaria campaña en 1985, Arby's recomendaba a los consumidores que «consiguieran el tipo ideal» uniéndose «a la gente ideal» y comiendo los «ideales sandwiches de roast beef» de la casa Arby's.

La verdad: La *carne* del roast beef de Arby's —no sus *sandwiches*— tenía un bajo contenido en grasas. El sandwich de bacon y queso, que también figuraba en el anuncio de la campaña, contenía 561 calorías, de las cuales más de la mitad eran pura grasa.

Uniden Corporation of America

En 1985 los anuncios de la empresa Uniden mostraban una etiqueta para sus teléfonos sin cable en la que se leía: «Aprobado por la FCC.»

La verdad: La Comisión Federal de Telecomunicación no «aprueba» teléfono alguno. Tampoco valora su calidad. La FCC registra aparatos telefónicos con el único fin de establecer un *standard* mínimo de compatibilidad para los fabricantes de teléfonos, no para los consumidores.

United States Map Co.

En 1981 la empresa promocionó un enorme mural con el mapa de Estados Unidos de América que medía cinco metros cuadrados.

La verdad: Con un conocimiento básico de matemáticas se puede probar que el «enorme» mapa medía menos de 60 × 90 cms.

Purity Supreme Inc.

En 1984 la gran cadena de productos alimenticios de Nueva Inglaterra lanzó una campaña con el fin de promocionar los tomates locales, regalando un libro de recetas, todas ellas a base de tomates frescos.

La verdad: El libro lo ideó la Central Tomatera de *Florida.*

ENDULZANDO EL ASUNTO

Uno pensaría que la soda de la casa Sweet 'n Low la endulzan con sacarina Sweet 'n Low. Pero no es así. La soda está endulzada con «NutraSweet», un producto competidor de Sweet 'n Low. MBC Beverage Inc., empresa que adquirió la patente del nombre Sweet 'n Low de la Cumberland Packing Corp., descubrió que los consumidores preferían un endulzante natural «NutraSweet» en lugar de la sacarina artificial que contiene Sweet 'n Low. Así que MBC endulzaba la soda Sweet 'n Low con «NutraSweet». ¿Qué explicación tenía MBC para proceder de ese modo? Un portavoz dijo que la empresa estaba en su derecho porque «nuestra responsabilidad contractual es que la bebida sea baja en calorías».

COMPRUEBE LA ETIQUETA

En 1987, General Mills adornó sus cajas de cereales Kix con la leyenda: «¡Un sabor nuevo y mejor! ¡Sus hijos se lo confirmarán!» Y además aseguraba un «bajo contenido en azúcar». En la parte posterior de la caja había un mensaje dirigido a mamá: «¿Cómo es posible que los nuevos cereales Kix tengan un sabor tan extraordinariamente bueno y *aun así* tengan un contenido en azúcar tan bajo? He aquí el secreto: hemos descubierto el modo de extraer el azúcar natural del cereal, logrando que quede en el exterior.» Pero el secreto verdadero se descubre al comparar la letra pequeña de la etiqueta nueva con la antigua. General Mills había incrementado el contenido de azúcar en un gramo más por onza.

La empresa Lowes puso la reconfortante observación que citamos en el envoltorio de su ventilador de techo Environtemp: «Diseñado para que pueda instalarlo usted mismo fácilmente, sin necesidad de utilizar herramientas especiales (instrucciones detalladas en el interior).» Las instrucciones en el interior eran tan detalladas que se recomendaba que fuese un electricista quien hiciera la instalación.

En 1985, el Turtle Wax Power Brite, de la empresa Turtle Wax, un producto para la limpieza de llantas de magnesio de automóviles, proclamaba claramente en su etiqueta: «Nuevo, seguro... no contiene ácidos.» No obstante, al pie de dicha etiqueta se leía: «Peligro: inflamable, corrosivo y tóxico. Produce quemaduras al contacto con los ojos o la piel. Fatal o muy peligroso si se ingiere.»

La empresa Sargento Cheese Co. sacó al mercado un queso rallado cien por cien natural al estilo italiano —que resultó no serlo. Su ingrediente principal, según la etiqueta, es queso suizo rallado.

En 1984, Nybco sacó a la venta un equipo para el acabado de maderas llamado «Un toque», en cuya etiqueta aseguraba ser tan sencillo de utilizar que «incluso un niño puede manejarlo». Otra nota del envoltorio advertía: «Manténgase fuera del alcance de los niños.»

¿De qué forma intentó la firma de ventas por correspondencia de Chicago, C. Whitney & Co., sacar un dólar a clientes despistados, utilizando su catálogo de piezas de recambio para automóvil en 1987?

En la hoja de pedido, justo encima de la línea en la que los clientes anotan la suma total de su encargo decía: «Añadimos un dólar por la suscripción anual del catálogo.» Sólo los consumidores más agudos que estudiaron minuciosamente el otro lado de la hoja descubrieron la nota que avisaba que todos los clientes recibían gratuitamente los catálogos de la empresa Whitney.

¿De qué forma inspiró la firma de ventas por correspondencia de Chicago J.C. Whitney & Co., a un dólar a cuenta [illegible] utilizando su catálogo de piezas de recambio para automóvil en 1967?

Una bola recogida, justo encima de la línea en la que los clientes anotan la suma total de su encargo [illegible]. Añadimos un dólar por la suscripción anual del catálogo. Sólo un consumidor más agudo que estudiara minuciosamente el otro lado de la hoja descubriría la nota que decía que todos los clientes recibían gratuitamente los catálogos de la empresa Whitney.

DESATENCIONES AL CLIENTE

¿Y a quién le importa el consumidor?

CUANDO CHRYSLER SE DIO UNA VUELTA A COSTA DEL CLIENTE

Chrysler engañó a sus clientes, dejando a sus empleados utilizar decenas de miles de coches recién salidos de fábrica con los cuentakilómetros desconectados antes de venderlos como nuevos.

En junio de 1987, un jurado de San Luis dictó sentencia contra Chrysler por una acusación de fraude, al haber enviado a sus distribuidoras más de 60.000 coches nuevos, ocultando que los empleados de la empresa los habían conducido durante más de 600 kilómetros por término medio, sufriendo daños en algunos casos.

El escándalo continuó cuando la policía de Missouri detuvo a varios ejecutivos de Chrysler por exceso de velocidad en 1986. Todos ellos alegaron que el marcador de velocidad no funcionaba.

Una investigación reveló que los jefes de planta solían utilizar coches nuevos durante más de seis semanas con los velocímetros y cuentakilómetros desconectados. Los investigadores descubrieron que al menos cuarenta de estos vehículos habían sufrido accidentes. Después habían sido reparados en la planta y a continuación vendidos como nuevos.

Al principio, los ejecutivos de Chrysler se sintieron «ultrajados» por las acusaciones. Adujeron que los empleados conducían los coches hasta casa y vuelta para probar la calidad de la línea de producción. Y se respaldaban en que la legislación sobre fraude en el kilometraje sólo afectaba a vehículos usados.

Pero el público no aceptó la excusa. Temiendo un mayor rechazo por parte de los consumidores, el presidente de Chrysler, Lee Iacocca, convocó una conferencia de prensa y allí entonó el *mea culpa* corporativo: «¿Que hemos metido la pata? Desde luego que lo hemos hecho. Nos hemos pasado de listos y hemos llegado a idiotas.» Y no satisfecho con esto, Iacocca insertó en los periódicos de difusión nacional anuncios a doble página que explicaban el error de la compañía.

Chrysler no contestó a las acusaciones. Como parte del intento de arreglo, Chrysler amplió la garantía sobre los 60.000 coches «probados» en dos años o 35.000 kilómetros adicionales, entregó 500 dólares en metálico a los propietarios y prometió vehículos nuevos a los 40 clientes cuyos coches habían sufrido accidentes durante el «período de prueba».

CUENTESELO A LA MAQUINA

No ha habido política bancaria que haya fracasado tan estrepitosamente como la elaborada por Citibank en

1983, cuando decretó que los clientes con saldos medios inferiores a 5.000 dólares deberían usar cajeros automáticos, y no las ventanillas.

«Nos ahorcamos con nuestra propia cuerda», admitió Richard S. Braddock, vicepresidente ejecutivo del segundo banco de los Estados Unidos. En un esfuerzo por potenciar el uso de los cajeros automáticos, el banco neoyorquino comenzó a desarrollar progresivamente en determinadas sucursales la política de atender en los mostradores sólo a los clientes con saldos más altos. Pero cuando en 1983 Citibank cerró las ventanillas de una de las mayores sucursales de Manhattan a los miles de clientes de a pie, el banco fue prácticamente asaltado por una rebelión de consumidores.

Haciéndose eco de las protestas de muchos clientes, David Greenberg, de la Federación de Consumidores de América, declaró que dicha política era no sólo ofensiva, sino sucia. «Los cajeros automáticos han sido concebidos para prestar un servicio adicional al usuario, no para crear ciudadanos de segunda clase», declaró.

Entre los pocos que se deleitaron con las tribulaciones de Citibank, se encontraban los directivos del rival Chemical Bank de Nueva York. Para atraer a los indignados clientes de Citibank, una sucursal cercana del Chemical apostó por el trato humano contra las máquinas. En la fachada de la sucursal se colgaron banderines que decían «Nuestros cajeros aman a los clientes», los empleados llevaban chapas con el eslogan, se servía café y pastas a los clientes y en la calle un mimo animaba a la gente a entrar. Se dobló el número de aperturas de cuentas corrientes en las dos primeras semanas de la campaña.

Tras dos meses de ácidas críticas, Citibank admitió su error y restableció el privilegio de todos sus clientes de elegir entre humanos o máquinas. «Nuestro error fue la forma de abordar el problema», dijo Braddock, de

Citibank. «No valoramos lo suficiente la cuestión de la libertad para elegir del consumidor.»

Pero si la moraleja de la historia era que no se puede hacer distingos entre los clientes, Citibank no la cogió a la primera. Una semana después de admitir su error, el banco provocó otra controversia: Para fomentar la apertura de nuevas cuentas entre clientes de fuera del estado de Nueva York, Citibank les ofreció unos intereses superiores a los que ofrecía a los del área de la ciudad.

«LO SIENTO, SEÑOR. EL USO DEL DICTAFONO ES GRATUITO, PERO SI QUIERE HABLAR CON UNA SECRETARIA DE CARNE Y HUESO LE VA A COSTAR UN PAVO MAS.»

A pesar de las airadas protestas de los clientes urbanos, Citibank se negó a darles los mismos intereses. Fue necesario que las centralitas se colapsaran con llamadas de indignados impositores para que finalmente el banco aprendiera la lección.

HOLA Y ADIOS

Los clientes han aprendido bien que no se debe esperar un saludo amable o amistoso de los empleados del Morgan Guaranty Trust Co.

Se dijo a los trabajadores de este banco de Nueva York que debían adoptar una actitud digna en su atuendo y comportamiento —y también en sus modales telefónicos.

El listín telefónico interno del banco en 1983 comenzaba con el siguiente edicto: «Evite decir "hola". Esta agradable y familiar expresión está fuera de lugar en el mundo de los negocios.» «En su lugar», continuaba el libro, «identifíquese usted diciendo, por ejemplo, "departamento de contabilidad, el señor Smith al habla"». Se supone que, en caso de que el interlocutor lo mereciera, los empleados estaban autorizados a decir «adiós».

> ¿Qué hizo Coleco Industries para romper el corazón a millones de niños?
>
> Para potenciar las ventas de muñecas Repollo en 1984, Coleco prometió enviar felicitaciones por su primer cumpleaños a los 3,2 millones de muñecas que hubiesen sido registradas por sus «mamás» y «papás». Desgraciadamente, Coleco no cumplió su promesa, desatando la tragedia entre los millones de padres Repollo.

ILUMINANDO AL CLIENTE

Cuando General Electric descubrió que en casos aislados sus bombillas podían explotar, con gran sentido de la responsabilidad envió a sus clientes una circular, informando del posible peligro. Tras aterrorizar a los consumidores, GE tenía la audacia de decirles que no había por qué preocuparse.

La carta, fechada el 20 de diciembre de 1985, llevaba el siguiente encabezamiento: «Importante mensaje para los usuarios de lámparas GE Multi-Vapor y de Mercurio.» Entre otras cosas decía:

«Existe la posibilidad de que en alguna lámpara de estos modelos, independientemente de su voltaje, se quiebre el arco debido a causas internas o factores externos, como fallos del sistema o aplicaciones erróneas. Si esto ocurre, el bulbo de cristal que protege el arco puede romperse, despidiendo partículas de cuarzo a temperaturas muy altas y fragmentos de cristal del bulbo a la estructura a la que esté fijada y/o al exterior, creando un riesgo de daños personales o fuego. Los usuarios deben reconocer que las lámparas de metal y de mercurio no están completamente libres de riesgos. De muy pocos productos industriales de hoy en día se puede afirmar que estén totalmente libres de riesgos. Sin embargo, esto no significa que dichos productos deban ser considerados "inseguros".» Vale.

INFORMACION AL AUTOMOVILISTA

Problema: General Motors descubre que todos sus coches equipados con motores de 2,5 litros y cuatro cilindros podían experimentar una ruptura del bloque y sufrir pérdidas de líquido refrigerante, lo que puede provocar gastos en reparaciones de hasta 2.000 dólares por unidad.

Solución: Enviar un boletín secreto a los distribuidores informándoles del problema, pero sin notificarlo a los propietarios de los coches.

Problema: La prensa informa de los defectos del bloque motor y se multiplican las críticas contra GM por no haber informado a los usuarios.

Solución: GM hace público un comunicado que dice: «... no ha habido secretos en esta política [el boletín confidencial]. Está en todos los concesionarios. Desde 1983, en la información que se entrega con cada nuevo vehículo se explica a los clientes que este tipo de comunicaciones están a su disposición en sus concesionarios o que pueden pedirlos a GM. No son secretos en absoluto».

Pregunta: Como representante de los consumidores, Clarence Ditlow, del Centro para la Seguridad en el Automóvil, preguntaba: «¿Cómo pueden preguntar los consumidores por un problema del que no tienen noticia?»

Respuesta: Ahí está lo encantador de la solución de General Motors.

LOCOS POR SERVIRLE

¿Qué tal este servicio al cliente?: Cuando la propietaria de un nuevo Ford modelo Cougar informó a la compañía de que tanto la matrícula como el portaplacas de su coche estaban doblados, Ford envió inmediatamente a un ingeniero desde Detroit a Nueva York para investigar el asunto.

Pero no espere que le traten a usted igual. Poco después de comprar su Cougar en 1981, Marian Heiskell descubrió el problema de su matrícula y pidió una explicación. Ford respondió como lo hubiera hecho con cualquier cliente que formase parte de los consejos de administración tanto de Ford como de *The New York Times.*

Cuando se empezó a hablar del asunto, Ford explicó sin mucha convicción que era una práctica comercial habitual. Después de todo, dijo un portavoz, si la matrícula de la señora Heiskell se había doblado por un defecto de nuestro portaplacas, podían estar doblándose miles de matrículas en todo el país. «Y si lo detectábamos pronto, podíamos ahorrar muchos más gastos que los 350 dólares que costaba enviar el técnico a Nueva York.»

Como era de esperar, se trataba de una matrícula defectuosa que había hecho curvarse al portaplacas, y no al revés. El hombre de Ford dijo, sin mucha convicción: «Quizá hemos reaccionado con cierto exceso de celo...»

EL CIRCO VOLANTE

(PRIMERA PARTE)

Cuando las líneas aéreas se elevan demasiado bruscamente, con frecuencia los servicios al cliente caen en picado.

Por ejemplo, en febrero de 1987, en un vuelo Denver-Miami de Continental Airlines, los pasajeros se quejaron de que su cena consistía en un sandwich frío de carne, patatas fritas de bolsa y una manzana. Las quejas llegaron pronto al jefe de servicio del vuelo, que, escondido tras el micrófono, comunicó que estaba «avergonzado» por la calidad «bajo mínimos» del servicio.

«Este avión es un Frontier», explicó. «Frontier Airlines fue comprada hace poco por People Express, y ésta, a su vez, por Texas Air [también propietaria de Continental]. Este vuelo ha sido abastecido por Continental Airlines, y sus bandejas no caben en nuestros hornos.»

Se sugirió a los pasajeros que enviaran las tarjetas de sugerencias que acompañaban a la revista de la compañía a la dirección de Texas Air. Cinco minutos después el asistente se disculpó porque la revista de la compañía no incluía las tarjetas de sugerencias, así que dio la dirección del presidente de Texas Air, Frank Lorenzo. El frustrado asistente añadió: «El es el culpable.»

EL CIRCO VOLANTE

(SEGUNDA PARTE)

Para mejorar la calidad de la bebida en la Clase Ejecutivo, en 1980 Alvin Feldman, entonces presidente de Continental Airlines, compró una partida de Chivas Regal. Pero no sabía qué servir en primera clase, y finalmente siguió el consejo de un barman de Beverly Hills, que sugirió Johnnie Walker Etiqueta Negra.

Pero esto no sentó bien a muchos pasajeros de primera, que miraban con envidia a los autosuficientes tipos de popa sorbiendo sus Chivas con cara de presupuesto. Para suavizar la situación, los asistentes de vuelo empezaron a introducir de estraperlo el Chivas de los Ejecutivos en Primera.

Finalmente, el Chivas se convirtió en el escocés oficial para ambas clases. Fuentes de Continental dijeron que la compañía tenía reservas de Etiqueta Negra hasta el Día del Juicio.

GARANTIAS PARA TODO

Las chocolatinas «5.ª Avenida» de Ludens Inc. llevan una rimbombante «garantía de satisfacción» en el envoltorio. Si no está completamente satisfecho con el producto, sólo tiene que enviar a Ludens la parte de la chocolatina de 50 centavos que no se haya comido (lo que le costará unos 39 en sellos) junto con una explicación de los motivos de su rechazo. Pero no se crea que le devolverán el dinero. No, le enviarán *otra* chocolatina «5.ª Avenida». ¿Y si no le gusta la segunda? Pues otra...

Rellenar la garantía de la calculadora Unisonic requiere un pulso muy firme o una buena lupa. La garantía es una tarjeta de 5×8 cms. Se supone que usted debe enviar la garantía así, tal cual. Pero si no la mete en un sobre es muy improbable que llegue a su destino, ya que la medida mínima aceptada por Correos es de 8×12,5 centímetros.

Sharp anuncia que si el más barato de sus relojes necesita ser reparado durante el período de garantía, un año, usted deberá pagar 4,95 dólares por mano de obra, más el franqueo por enviarlo a fábrica. El reloj cuesta 2,97 dólares.

Saikosha America ofrece una garantía impresionante con su antirrobo para bicicletas: la compañía afirma que pagará hasta 350 dólares si, en el término de un año, fuerzan su antirrobo y le roban la bicicleta. Sin embargo, entre la documentación que debe presentar para validar la garantía figura una copia del recibo de compra *de la bicicleta,* o una factura con fecha y firma de la tienda de bicicletas. Por si fuera poco, el vehículo debe estar registrado en la comisaría local.

Wolter Inc., fabricante de calentadores de agua para barcos, ofrece una garantía de reintegro del dinero. Si en 30 días usted no está completamente satisfecho, «siempre que el producto no haya sido usado ni instalado».

Cable Electric Products acompaña su Sistema Multisalida Snapit 6+2=8 de la garantía más simple: rellene y envíe el formulario de registro y conserve la garantía. ¿Cuál es el truco? La garantía está impresa detrás del formulario de registro.

POR QUE GUARDA LA GENTE EL DINERO EN EL COLCHON

En 1985, el National Bank de Detroit envió una carta a sus clientes, informando de que sus «Cajeros 24 Horas» funcionarían durante menos de ocho horas al día.

El Planters Bank de Memphis cargaba a sus clientes 1 dolar por el privilegio de hacer cola para ser atendidos por un cajero de carne y hueso.

Manufacturers Hanover Trust Co. estableció una «línea de prioridad» exprés en sus sucursales de Nueva York para clientes con un saldo medio superior a 25.000 dólares. A los que tenían menos recursos les cargaban 1,50 dólares por poder beneficiarse de la línea rápida.

TELEFONECES

(MUESTRA N.º 1)

En 1985, en lugar de entregar una simple tarifa para llamadas de alta distancia, el Hotel Dupont Plaza, en Washington, D. C., colocó el siguiente anuncio en todas las habitaciones: «Mediante el uso de nuevas tecnologías, los hoteles son capaces ahora de reducir los gastos de las conferencias de larga distancia de sus clientes... Para cubrir los gastos adicionales de este nuevo sistema, se cargará en su factura 75 centavos por llamada automática y 75 por cada llamada a través de operadora.»

(MUESTRA N.º 2)

En 1987, Pacific Bell envió una carta a sus clientes, en donde se comunicaba que si suscribían el Plan Mensual de Reparación de Tendido por sólo 50 centavos al mes, podrían seguir recibiendo llamadas de servicio por cable interior «sin ningún cargo adicional».

MUCHAS GRACIAS POR SER TAN BUENOS CLIENTES. SON 45.000 DOLARES

Primero la buena noticia: Iowa Power & Light Co. envió cartas a 113.000 de sus clientes, en 1987, dándoles las gracias por pagar sus recibos puntualmente. Esta atención, explicó la empresa de Des Moines, formaba parte de una campaña de «acercamiento al cliente».

Después la mala: ¿Quién va a pagar los 45.000 dólares que ha costado el envío de las cartas de agradecimiento? La empresa anunció que pensaba incluir el coste del *mailing* en la siguiente subida de tarifas.

ESTA ES UNA OFERTA A LA QUE USTED SE VA A NEGAR

Valvoline Oil Co. ofreció en 1985 un reintegro de 2,40 dólares por la compra de 12 envases de aceite para motor. Para conseguirlo, los compradores debían enviar el recibo de compra de los doce envases con fecha, y los escudos de siete de éstos (todo en los 30 días siguientes a la compra). Desgraciadamente, los consumidores a menudo agujereaban las latas al quitar los escudos y el aceite se salía. Y además, la mayoría de los coches necesitaban sólo cinco latas para un cambio de aceite.

Flavor Tree puso en 1984 una etiqueta en sus tarros de aperitivos «Sesame Crunch» anunciando una «Oferta de Prueba Gratuita». El minúsculo cupón se encontraba al fondo del recipiente, sólo cuando uno ya se había comido casi todo. Este explicaba que para recibir el reintegro del precio del paquete, el cliente debía enviar el sello interior de la tapa, el comprobante de compra y el cupón. Para cuando uno encontraba el cupón, normalmente ya había tirado la tapa, y no hablemos del comprobante...

En 1986, Salada Foods Inc. tomó el pelo a los consumidores con un supuesto reembolso de su dinero. El paquete de bolsitas de té incluía una pegatina que prometía un reintegro de 1 dólar, «los detalles, en el reverso de la pegatina». Los compradores abrían la bolsa para leer el reverso de la pegatina, que les daba la gran noticia de que para solicitar el reembolso debían comprar dos bolsas más.

Mott's USA prometió en 1986, a los consumidores de sus zumos, un cartón gratuito con la compra de un cartón de prueba del nuevo zumo de manzana y uva. Una vez que lo habían comprado, podían leer en el interior lo que Mott's consideraba una prueba: los tickets de cinco envases de zumo.

Procter & Gamble obligó a sus clientes a desempolvar los atlas, ofreciendo la devolución del importe íntegro de su desodorante Secret como oferta de promoción. Todo lo que el comprador debía hacer era enviar el ticket de compra y una etiqueta a: «Oferta Devolución Secret. Apartado de Correos 7244, TBD.» Nadie ha averiguado todavía dónde está TBD.

Hanes Hosiery decepcionó a un montón de mujeres en 1986, cuando les prometió en los paquetes de panties Summeralls un reintegro de 5 dólares. La etiqueta anunciaba: «Con el envío del comprobante de compra. Vea detalles en el interior.» Los detalles del interior aclaraban que eran necesarios comprobantes, pero no de los panties Summeralls, sino de otros modelos de la casa.

NADA PERSONAL

Malos tratos a los empleados

PLUS DE CONTENCION

¿Por qué fue tan importante el plan de bonificaciones de General Motors en 1982 (que incluía generosos incrementos en las compensaciones y mayores opciones de compra de acciones para los ejecutivos, además de sustanciosas pagas extras a los altos directivos)?

El anuncio del plan de bonificaciones se realizó el mismo día que General Motors iba a firmar con el Sindicato de Trabajadores del Automóvil un convenio en el que se planteaban «necesarias» concesiones salariales por parte de los trabajadores para salvar a la compañía. Al sindicato le sentó tan mal la noticia que forzó a GM a posponer el plan de bonificaciones en beneficio del contrato de trabajo por treinta meses. *Automotive News* comentó: «No podían haber hecho nada mejor para humillar a sus trabajadores de a pie.»

¿ES ESTO FORMA DE TRATAR A LOS EMPLEADOS?

El gigante minorista W. T. Grant, que quebró en 1975, tenía la costumbre de cortarle la corbata a cada jefe de ventas que no alcanzaba a cubrir su presupuesto.

Ben Love, presidente y director ejecutivo de Texas Commerce Bancshares, confeccionó en 1975 un memorándum de catorce páginas sobre la indumentaria apropiada para sus empleados. Los trajes europeos ajustados estaban terminantemente prohibidos, así como los de cuadros, y, en las mujeres, la bisutería.

La Miller Brewing Co. cierra sus puertas a las ocho de la mañana, tras lo cual los directores deben identificarse para acceder al recinto. Y cuando llegan tarde les envían «diplomas de malo».

Public Service Electric & Gas Co., de Newark, Nueva Jersey, fue el «Big Brother» de 1981-82, al «monitorizar» bastante más que sus llamadas telefónicas. Cuando los empleados colgaban los teléfonos, los micrófonos de la empresa seguían grabando las conversaciones de oficina.

REGRESO A LA INFANCIA

Durante varios años, los párvulos de los colegios lo tuvieron más fácil para ir a hacer sus necesidades que los empleados de la cadena de procesado de pavos mayor del mundo.

En 1984, ésa fue una de las causas que impulsaron al Sindicato de Trabajadores de Alimentación y Comercio a emprender una huelga de tres años contra Rocco Enterprises, una gran empresa en Virginia.

La dirección realizó un estudio de las visitas «injustificadas» al baño de los operarios de la cadena de producción. La compañía calculó que, con un promedio de 4 a 6 minutos por «viaje», los empleados pasaban un total de 281 horas hábiles al año en el retrete. Se dio instrucciones a los capataces de que hicieran cumplir un estricto programa de control de visitas al baño, pero ello acabó ocupando 147 horas de trabajo sólo en supervisión, según el sindicato. Mientras tanto, con frecuencia los trabajadores no podían abandonar la cadena cuando lo necesitaban, lo que causaba situaciones lógicamente embarazosas.

«No hay tiempo para que vayamos al baño, pero se tiran media hora para tomarte los datos en la oficina», se quejaba un empleado.

Otro trabajador comentaba indignado: «A veces tienes que esperar una hora para ir al baño después de conseguir el permiso del capataz. Y entonces te da un pase. Mi hijo no tiene tantos problemas en el colegio para hacerlo. ¡Y yo soy adulto!»

> ¿Qué empresa ha tratado a sus trabajadores con tal dureza que éstos han ido a la huelga cada tres años desde 1968?
>
> Phelps Dodge, en sus minas de cobre de Morenci, Arizona.

BRONCA A LA BRASA

Barrie Bergman fue capaz de recurrir a todo para motivar a sus empleados. De hecho, les hizo caminar descalzos sobre carbones encendidos.

Bergman, que dirige Record Bar Inc., la segunda empresa minorista de discos y cassettes de Estados Unidos, convenció a cientos de sus trabajadores para que se descalzaran y recorriesen un pasillo de carbones al rojo de dos metros de longitud durante un seminario que tuvo lugar en 1985. La experiencia formaba parte de un programa de «sistemas humanos» de la empresa para desarrollar al máximo el potencial de los empleados. «"Caminar sobre el fuego" es una metáfora para expresar lo imposible», declaró Bergman.

Según *The Wall Street Journal,* se sugirió a los que no querían pasar por el trago que abandonaran la empresa.

«Tengo mucha fe en este programa», dijo Bergman al *Journal*. «Si a los empleados no les gusta lo que hacemos aquí, tendrán que irse a otro sitio.»

En opinión de Bergman, esta extraña sesión de formación fue concebida para generar ideas empresariales innovadoras e incrementar las ventas. Quizá dentro de poco sea habitual que un jefe de ventas llame a su presencia al mal vendedor y le diga: «Muchacho, este mes tus ventas han sido muy flojas. Vas a tener que darte una vuelta por las brasas.»

¿Por qué no se debe contar un chiste a un compañero durante las horas de trabajo en la planta de fabricación de ordenadores Tatung, en Shropshire, Inglaterra?

Esta compañía de alta tecnología ha prohibido a sus empleados reírse durante la jornada laboral.

«PERO BUENO, PEARSON, ES UNA HISTORIA PARA PARTIRSE DE RISA ¿PODEMOS VERNOS LUEGO EN EL BAR Y ECHARNOS UNAS CARCAJADAS A GUSTO?»

LOS DESASTRES DE LA GUERRA DE LA COLA

El mayor enemigo de Coca-Cola en la guerra que mantiene contra su rival, Pepsi, es ella misma. La paranoia de Coke ya le ha costado unos cuantos buenos empleados.

Víctima n.º 1: En el verano de 1985, un embotellador de Coca-Cola de Oxford, Alabama, suspendió de empleo y sueldo a un trabajador durante tres días por tomarse una Pepsi en un Burger King durante horas de trabajo. Pero la embotelladora de Pepsi en Birmingham se hizo cargo del sancionado, enviándole un cheque por el valor de los tres días de trabajo.

Víctima n.º 2: En 1985, Amanda Blake fue despedida de su puesto de jefe de proceso de datos en la planta de Coke de Norhampton, Massachusetts, por negarse a romper su compromiso con David Cronin, un contable de una planta rival de Pepsi. Según parece, el amor no tiene cabida en el mundo empresarial de Coca-Cola. Sus abogados justificaron el despido aduciendo que si Amanda se quedaba, podía filtrar informaciones confidenciales inconscientemente a la persona que amaba.

Víctima n.º 3: Michael Wilson perdió su trabajo de repartidor de Coca-Cola en Shelbyville, Indiana, tras ganar un viaje en una promoción realizada por Pepsi. En marzo de 1987, Wilson encontró una chapa de Pepsi premiada: un viaje a Nueva Orleans para ver la final del campeonato de baloncesto amateur. Wilson resultó ser un incondicional de los Hoosiers de Indiana (que jugaban la final) y no iba a permitir que nada impidiera su viaje. Cuando sus jefes le «aconsejaron seriamente» que renunciara al viaje, Wilson se negó y de inmediato se vio en la calle. Pero, de nuevo, Pepsi vino al rescate. James Rogers, vicepresidente de zona de Pepsi en Indianápolis, escribió a Wilson: «Tú sabes bien, Mike, que puede haber cosas más importantes que la guerra de la Cola, y una final de los Hoosiers es una de ellas. La semana que viene, cuando hayamos ganado la final [de hecho, así sucedió], volveremos a tomar las armas, y esta vez te quiero en mi bando.» Rogers dijo que le había ofrecido el trabajo porque «cuando se trata del amor al baloncesto de Indiana, nada debe interponerse».

PROBLEMAS DE APARCAMIENTO

Richard Moe, presidente de Delta Rubber Co., prohibió la entrada de coches japoneses en el aparcamiento de la empresa. Aseguraba que las importaciones japonesas eran las culpables del descenso de 3 millones de dólares en las ventas de las paletas limpiacristales y sellos de goma que fabricaba.

«Yo no puedo decirles en qué deben gastar su dinero», decía a sus empleados en un memorándum, «pero desde luego que no tengo la obligación de facilitarles aparcamiento para un coche japonés». Incluso los visitantes que conducían coches japoneses eran rechazados. Una señal a la entrada del aparcamiento les ordenaba aparcar sus coches al otro lado de la calle, junto a un descampado.

Cuando Stanley Pace, presidente de TRW, fue nombrado presidente de la fundación benéfica United Way en 1984, los directivos de la empresa intentaron impresionarle con una demostración de mano dura en el aparcamiento de la empresa.

Para conseguir que Pace realizara un récord de recaudaciones, se asignó a los donantes de United Way plazas más cercanas a la fábrica. Se dictaron nuevas normas sobre el uso del aparcamiento, entre las que figuraba una amenaza de despedir a los no-donantes que aparcaran en las plazas de los contribuyentes. El sindicato del sector le dio un nombre muy concreto a estas presiones caritativas: «extorsión».

En 1984, Ford Motor Co. empezó ordenando a los trabajadores de su planta en Lima, Ohio, aparcar a una distancia de casi un kilómetro de la fábrica si conducían coches extranjeros.

Howard Fields, de sesenta y seis años, que llevaba veintiocho en la empresa, ignoró la nueva norma y siguió aparcando su Nissan en el lugar habitual. Su coche apareció empapelado de pegatinas de advertencia y se lo remolcaron dos veces. Las cosas se ponían serias. En un período de tres meses, Fields fue sancionado con suspensiones de empleo y sueldo siete veces. Y por si fuera poco, Ford acabó despidiéndolo.

St. Mary's Paper Inc., de Ontario, debía haber puesto esta señal en su fábrica de papel, ya que prohibió terminantemente a sus empleados leer nada, ni revistas, ni libros, ni nada.

De hecho, lo único que la empresa permitía leer a sus trabajadores era información sobre la industria papelera.

En 1986 la dirección envió una nota a sus 460 empleados que pretendía fomentar «una nueva ética laboral» restringiendo las actividades de los descansos. «Consideramos que la lectura de periódicos o libros de bolsillo y los juegos de cartas no ayudan en nada al éxito de nuestra actividad», explicaba el memorándum.

Al ser interrogados sobre tan absurda ordenanza, un portavoz de la empresa dijo que había una amplia selección de material de lectura en varias estanterías a disposición de los empleados. Se puede uno imaginar el disfrute de los empleados al leerse un folleto sobre el papel de envolver, el estímulo intelectual que sentirían al sumergirse en un tomo acerca de la elaboración de la pasta de papel o los arrebatos emocionales que puede provocar un folleto sobre tala de bosques.

El sindicato de Trabajadores del Papel hizo patente su protesta negándose a leer absolutamente nada durante los descansos, tras lo que, finalmente, la empresa se dio por aludida y levantó la prohibición.

En 1985 Rolls-Royce Motors Inc. canceló su contrato con el distribuidor Charles Schmitt a pesar de que era el concesionario que más Rolls-Royces y Bentleys vendía en América. ¿Cuál de éstas fue la razón?

A. Era un atractivo soltero cuya pasión por la vida nocturna irritaba sobremanera a los ejecutivos de Rolls.

B. Rolls rompió su contrato para satisfacer a sus otros distribuidores americanos, celosos del éxito de Schmitt.

C. Rolls no creía que las altas ventas y los precios competitivos de Schmitt estuvieran a tono con el estilo de la casa.

D. Las tres anteriores.

Solución: D.

GRACIAS POR NADA

¿Cómo respondieron los empleados de Citicorp cuando William Spencer, director general del gran *holding* financiero neoyorquino, les anunció en 1980 que no iban a recibir la paga extra habitual de fin de año (un 10-15 por 100 de sus ingresos)?

Enviando la siguiente carta a Spencer y al presidente de Citicorp, Walter Wriston, en la que mostraban su agradecimiento:

«... por su reconocimiento a aquellos de nosotros que, durante la huelga de transportes de 1980, nos levantamos en mitad de la noche, cruzamos puentes, atravesamos túneles, pedaleando en bicicletas o desgastando las botas... para llegar a trabajar a Citibank al despuntar del día.

»... por los justos salarios que recibimos, mientras ustedes suben sus tipos de interés, al igual que suben los alimentos y los alquileres.

»... por la automatización, que tantos puestos de trabajo ha hecho innecesarios, y que tan duros de llevar ha hecho los que todavía quedan, gracias a las continuas averías y retrasos del sistema.

»... por dejarnos compartir con ustedes el honor y la gloria, si no los beneficios, de trabajar en el banco número 1.

»... por el inspirador eslogan de 1981: "Servicio es una palabra: Ustedes la hacen realidad." Para todos sus mensajes de sabiduría de 1980, nosotros también tenemos un eslogan: "Incentivo es sólo una palabra: USTEDES deben hacerla realidad." Por desgracia, el hombre no vive de palabras.»

¿Por qué le resultó a Pan Am tan gravosa la falta de confianza que tenía en sus auxiliares de vuelo?

Con la convicción de que los auxiliares estaban robando botellitas de licor de 35 centavos en los vuelos, el personal de Seguridad de Pan Am instaló un mecanismo de relojería en el armario de los licores para registrar las horas a las que se producían los presuntos robos. En mitad del vuelo, un auxiliar oyó el tic-tac y pensó que se trataba de una bomba. El capitán se dirigió al aeropuerto más próximo, donde se realizó un aterrizaje de emergencia y una evacuación de los pasajeros. El aterrizaje imprevisto costó a Pan Am 15.000 dólares. Y además no consiguieron evidencia alguna de que se hubieran producido robos.

CONTRAATAQUE

En uno de los episodios más surrealistas que se han producido en el terreno de las relaciones laborales, una empresa llevó a los tribunales a un sindicato por *no ir* a la huelga.

En 1983, Colonial Manor Nursing Home, de Youngstown, Ohio, denunció al Sindicato Internacional de Empleados de Servicios por no cumplir su amenaza de ir a la huelga.

Cuando se rompieron las negociaciones del convenio entre los trabajadores y el hospital, los miembros del sindicato votaron la huelga y dieron aviso a Colonial con diez días de antelación, como exigen las leyes federales.

El hospital respondió gastándose 15.000 dólares en entrevistar, contratar y formar empleados eventuales que cubrieran los 47 puestos de trabajo que esperaban quedarían vacantes con motivo de la huelga. Pero el sindicato cambió de idea. El día que debía empezar la huelga, los empleados del sindicato acudieron a sus puestos de trabajo, al igual que sus sustitutos.

Ante la situación de tener que pagar los dos salarios la empresa denunció al sindicato por «fraude y negligencia», solicitando 3 millones de dólares como compensación, más el pago de los gastos ocasionados. El sindicato a su vez denunció a la empresa. Finalmente ambos bandos tuvieron que sentarse a negociar, y con buena voluntad llegaron a un acuerdo.

LA TRISTE HISTORIA DE STEVEN JOBS

A Steven Jobs se le saludaba como la personificación del espíritu empresarial de Silicon Valley, tras su cofundación de Apple Computer Inc. en 1977.

¿Y cuál fue la recompensa que recibió de la empresa que había creado? Fue puesto de patitas en la calle por el mismo genio de la dirección que él mismo había contratado.

El director general de Apple, John Sculley, al que Jobs personalmente había metido en la compañía, desplazó a éste de su cargo de jefe de la división Macintosh en 1985. Jobs fue enviado a un edificio en la acera de enfrente de la central de Apple, que él y su secretaria llamaban «Siberia».

Para mayor humillación, la compañía dio a Jobs el ridículo e inútil título de «visionario global» y dejó de suministrarle trabajo alguno. Finalmente, frustrado, Jobs dimitió de su cargo de presidente del consejo de administración. «Ni en mis sueños más delirantes hubiera imaginado un final como éste», se lamentaba a la prensa.

FELIZ NAVIDAD, ESTA DESPEDIDO

Si tiene usted la intención de seguir los pasos de algún genio de los negocios, ¿por qué no tomar como ejemplo a Ebenezer Scrooge, el famoso personaje de Dickens?

Esto es lo que hizo la compañía de *outplacement* (reciclaje de directivos) de Nueva York Bushnell, Cruise & Associates, en 1984, cuando editó un informe que sostenía que la Navidad era el mejor momento para los despidos.

En un folleto titulado «Vacaciones, un buen momento para buscar trabajo» se decía que los ejecutivos no debían dejarse llevar por «los buenos sentimientos mal entendidos». Si va usted a despedir a alguien, «hágalo durante estas fiestas, porque es el mejor momento. Los despedidos pueden contactar con gente, reunirse con viejos amigos y que todo el mundo se entere de que están disponibles», explicaba Paul Cruise, presidente de la empresa.

El móvil de Bushnell Cruise no era la bondad (o maldad) de corazón: «De mediados de diciembre a principios de enero es, sin duda, cuando menos trabajo tenemos», decía el comunicado.

«COMO VERAN, ESTE AÑO HEMOS AÑADIDO AL VERDE Y ROJO TRADICIONALES DEL ARBOL DE LA OFICINA UN TONO MAS MODERNO, EL ROSA DE LOS RECIBOS DE LIQUIDACION.»

¡«CHAPO» POR DIRECCION!

Unos días antes de la Navidad de 1987, 23 trabajadores de Okonite Co. decidieron dar un poco de colorido a sus vidas acudiendo al trabajo ataviados con gorros de Santa Claus.

Pero la Dirección no era amiga de bromas. Cuando los empleados aparecieron con sus atuendos navideños fueron suspendidos de empleo y sueldo durante tres días porque, según la dirección, los gorros festivos «no eran apropiados para un ambiente de trabajo».

Al día siguiente otros 100 empleados acudieron a fichar con sus flamantes gorros rojos —prácticamente la mitad del personal de la división de cable eléctrico. Y también éstos fueron sancionados por el inflexible director, que amenazó con despedir a cualquier trabajador que insistiera en llevar el gorro rojo y blanco.

Los trabajadores dijeron que no había normas que prohibieran llevar gorros en el trabajo y, de hecho, la mayoría de ellos llevaban habitualmente gorras de béisbol sin el menor problema. «Yo llevo sombrero todo el año, y precisamente por ponerme éste me sancionan», se quejaba el trabajador Ed Reilly a la prensa.

Como manifestación de protesta, los trabajadores se concentraron delante de la fábrica con sus gorros de Santa Claus y estuvieron cantando villancicos. Y al día siguiente volvieron al trabajo —sin los gorros.

¿Por qué los empleados del Campo de Pruebas de Chrysler pensaron que se les trataba como a colegiales?

Cuando dos trabajadores fueron sorprendidos jugando «a la carretilla» en la gran pista oval del campo, el supervisor les sancionó con tres días de empleo y sueldo y les obligó a escribir una redacción de 2.000 palabras sobre el tema «Por qué no debo hacer la carretilla en la pista de pruebas».

LOS DE A PIE TAMBIEN TROPIEZAN

La incompetencia en la fuerza de trabajo

YA NO SE TRABAJA COMO ANTES

Se puede uno imaginar la sorpresa de los comerciantes que abrieron el catálogo de Montgomery Ward y encontraron en su interior un desplegable de *Playboy*. Un portavoz de la empresa declaró que el catálogo y la revista se realizaban en la misma imprenta y, a causa del descuido de un empleado, el desplegable había sido introducido en algunos catálogos.

En 1987, miles de admiradores de Lawrence Welk que compraron su álbum *Polka Party* se llevaron un buen susto. El disco contenía la banda sonora de *Sid y Nancy,* una película sobre Sid Vicious, el miembro de los Sex Pistols que mató a su novia antes de suicidarse con una sobredosis de heroína. Al parecer, declaró Bernice McGeehan, de la compañía discográfica de Welk, unos 10.000 álbumes habían sido mal etiquetados en la fábrica. «Empezamos a recibir llamadas telefónicas de señoras que decían estar horrorizadas por el lenguaje del disco. Según ellas, se decían palabras que no se atrevían a repetir.»

Quizá lo más divertido de comer Cracker Jack es el premio que llevan dentro. Pero en 1983, John Iglesias, de Santa Ana, California, se quedó de una pieza cuando abrió su paquete y se encontró en el interior un manual en miniatura de técnicas sexuales. El atónito Iglesias dijo: «Yo esperaba encontrarme una historieta o uno de esos tatuajes que se pegan.» Borden Inc., fabricante de Cracker Jack, declaró que se habían tomado «rigurosas medidas de seguridad» para evitar la difusión de nuevas obras del anónimo e inspirado artista.

Entre las toneladas de papel que se tiraron desde los edificios de oficinas de Nueva York durante un desfile en honor de los ganadores de medallas olímpicas en 1984 se encontraban cientos de listados de movimientos y transacciones en las cuentas de clientes de Bear, Stearns & Co. Docenas de entusiasmados *brokers* se estuvieron peleando por las órdenes de los clientes de Bear. Uno se llevó 100 hojas de listado de cuentas, con nombres, direcciones, volúmenes de inversiones y datos internos. «Francamente, estamos atónitos —dijo Alvin Einbender, de Bear Stearns—. No he cogido al que lo hizo, pero si lo hiciese y éste fuera un país islámico, recibiría su merecido.»

Cuando en 1947 las relaciones entre los sindicatos y Revlon llegaron a su peor momento, los iracundos trabajadores encontraron una nueva forma de mostrar su odio por la empresa: los empleados que empaquetaban juegos de maquillaje empezaron a introducir en ellos notas que decían: «Que os jodan.»

Durante los disturbios laborales de Ford y General Motors en los años sesenta, los operarios de la línea de montaje a veces dejaban un tornillo suelto en los lugares más intrincados de los coches más caros: los Cadillac y Lincoln Continental. Los propietarios se volvían locos a causa de los ruidos ilocalizables.

PERDIDO Y HALLADO EN EL TEMPLO BANCARIO

Perdido: 8.000 cheques por un valor total de 894.000 dólares.

En: First Security Bank of Idaho, en Boise, julio de 1971.

Hallado: Hechos tiritas en bolsas de basura.

Seis cajas de cheques autorizados, emitidos por otros bancos y depositados por los clientes del First Security se quedaron durante la noche en el suelo. Un conserje que realizaba una sustitución pensó que eran cheques viejos sin valor, para destruir, y eso es lo que hizo.

Cuando los directivos del banco llegaron a la mañana siguiente, los cheques no aparecían por ningún lado. A las doce y media de la mañana finalmente fueron encontrados o, mejor dicho, fue encontrado lo que quedaba de ellos en dos grandes bolsas de plástico tiradas en un callejón.

«Parecían confeti —recordaba apesadumbrado Dave Eiguren, subdirector del banco—. Decidimos poner manos a la obra y reconstruirlos, así que contratamos a noventa trabajadores eventuales, que tardaron seis semanas en rehacerlos todos.»

Perdido: Miles de cheques por un valor de 227 millones de dólares.

En: Continental Illinois Bank of Chicago, agosto de 1986.

Hallado: En un montón de basura junto a la trituradora.

Lo único que pasó fue que a la señora de la limpieza le parecieron basura las bolsas que había en el suelo de la sala de computadoras. De forma que las tiró en un cubo junto con las tazas de café de plástico y demás desperdicios de oficina para la trituradora.

Pero el lunes siguiente los procesadores de datos de Continental descubrieron que faltaban 227 millones en cheques que el banco ya había aceptado, pero que todavía no habían sido introducidos en los ordenadores. Se dio una orden de emergencia y una legión de empleados y conserjes se zambulló a bucear en los montones de basura maloliente. Tras varias horas de trabajo sucio, los cheques fueron rescatados del basurero.

Si no hubieran sido recuperados los cheques, Continental debería haber realizado la penosa tarea de corregir una diferencia de un cuarto de millón de dólares en sus libros.

¿Cuál era el «problema de actitud de los empleados» de la central nuclear de Peach Bottom, de Philadelphia Electric Co., que motivó su cierre por la Comisión de Regulación Nuclear en 1987?

Los operarios del turno de noche de la sala de control fueron sorprendidos durmiendo y jugando a videojuegos.

Aparecido en las páginas amarillas de Atlanta de 1980 en la sección «Minoristas de vestuario para caballeros»:

Bank Joseph A Clothiers Inc.
3384 Peachtree Rd NE … … 262-7100

Así apareció posteriormente en las páginas amarillas de 1981, después de que la casa en cuestión llamara para pedir que «quitaran 'Inc.'»:

Quitar Inc.
3384 Peachtree Rd NE … … 262-7100

¡QUE MATEN AL MENSAJERO!

Miles de mensajes de negocios son transmitidos todos los días sin el menor incidente, pero a veces los cables se cruzan y entonces se les suelen cruzar también a los que los envían.

Western Union

En 1981, Gene Milner, el temperamental presidente de Lanier Business Products Inc., decidió dar un buen empujón a su equipo de ventas mediante un telegrama. Pero Western Union envió su mensaje no sólo a sus vendedores, sino a 500 directores de colegios católicos, muchos de ellos sacerdotes y monjas.

No es difícil imaginar la perplejidad de éstos cuando recibieron el mensaje de Milner, que decía: «Cuento con que estaréis moviendo el culo a base de bien durante lo que queda de este mes y el de mayo. No quiero oír nada que no sea PRODUCCION. No cojáis más gente ni hagáis nada que no sea trabajar. No juguéis con papeles, no llaméis a vuestra abuela por teléfono. Quiero que os lleven los demonios hasta que acabe el año fiscal.»

Al día siguiente varios sacerdotes y monjas telefonearon a Milner indignados preguntando qué quería decir exactamente con el telegrama. Milner envió un nuevo telegrama a todos los directores disculpándose por el error. No sabemos si Western Union envió un telegrama de disculpa a Milner.

Graphic Scanning Corp.

En diciembre de 1984, la sociedad de cartera de valores de L. F. Rothschild, Unterberg, Towbin, envió telegramas a sus socios anunciando que había sido demandada y comunicándoles que debían pagar la parte correspondiente de los costes legales. Los mensajes fueron transmitidos por Graphic Scanning Corp., que por su cuenta y riesgo añadió a las sombrías noticias un alegre «¡Feliz Navidad!» Un portavoz de Graphic se excusó diciendo que la felicitación era sincera, pero lamentó la «desafortunada yuxtaposición».

Woodhouse Drake & Carey Inc.

Woodhouse, una de las mayores compañías azucareras internacionales, envió por error un memorándum confidencial a varias docenas de clientes.

El documento, transmitido por un directivo de la compañía en Nueva York a la oficina de Londres en marzo de 1984, se incluyó inadvertidamente en un télex enviado por Londres a los clientes. Contenía comentarios bastante poco halagüeños sobre la competencia e informaciones detalladas sobre estrategias comerciales. En pocos días la mitad de las compañías azucareras americanas se habían hecho con una copia del memorándum y lo utilizaron para ganarle terreno a Woodhouse, haciendo que se tambalease el sector.

DIVIDENDOS COSTOSOS

¿Por qué a Manufacturers Hanover Trust Co. le sentó tan mal el pago de dividendos cuatrimestral a los accionistas de American Home Products Corp. en 1979?

Porque el banco envió por error 7,8 millones de dólares de más, repartidos entre 78.000 accionistas. Cuando el banco descubrió que había añadido sin motivo un 5 por 100 por acción, los ejecutivos, horrorizados, empezaron a enviar miles de telegramas y cartas a los beneficiarios rogándoles que comprendieran... y que devolvieran el dinero. Y, en efecto, consiguieron recuperarlo prácticamente todo, sólo a cambio de 33.000 dólares en franqueo y 7.000 en horas extras.

¿Por qué en 1983 todo el mundo pensó que AmeriTrust, el *holding* bancario de Cleveland, era propiedad de su presidente *retirado,* M. Brock Weir?

Porque cuando un empleado del banco recibió instrucciones para cambiar la domiciliación de las diferentes cuentas de Weir en AmeriTrust no sólo cambió éstas, sino también la de la cuenta de la sociedad. Extractos de la corporación de Cleveland, con unos fondos de 5.800 millones de dólares, fueron enviados a 1.300 kilómetros de distancia, al nuevo domicilio de Weir en Sebastopol, California.

PERDIDAS NETAS EN CONFIANZA

Cómo cuatro empresas perdieron la confianza de sus clientes

Dominion Securities Pitfield Ltd., el mayor corredor de valores de Canadá, recomendó a sus clientes vender acciones de Datagram Inc., un pequeño fabricante de equipamiento de comunicación de datos de Montreal. Los *brokers* habían leído un boletín del servicio informativo Dow Jones que, según ellos, informaba de las pérdidas de la compañía en cuestión. Siguiendo el consejo de Dominion, muchos clientes vendieron sus acciones de Datagram para ver a la semana siguiente cómo subían un 40 por 100. Lo que más enfureció a los inversores fue que la información en cuestión no se refería a Data*gram,* sino a Data*ram,* una empresa fabricante de memorias de ordenador de Nueva Jersey.

¿Cómo defraudó en 1987 la Fundición Neenah, de Wisconsin, a uno de sus clientes, la ciudad de Fayetteville, Arkansas?

La fundición realizó 197 tapas de alcantarilla para la ciudad, y puso el nombre mal en todas ellas. En todas las tapas se leía «Fayettville», sin la «e» central. Tras hacer a la ciudad una oferta de descuento del 25 por 100, que fue rechazada, la empresa accedió de mala gana a retirar todas las tapas y refundirlas. Según los funcionarios de la ciudad, un vendedor de la fundición deletreó mal el nombre en el pedido. Dicho vendedor ya no trabaja allí.

Prudential-Bache Securities mostró a sus clientes que tenía problemas de desdoblamiento de personalidad. Como cosuscriptor de la oferta pública de 50 millones de acciones de Continental Illinois Corp. en otoño de 1986, Pru-Bache encomendó a sus agentes que presentaran la oferta a los inversores. Sugirió un precio de 6,25 dólares por acción. Pero pocos meses después, cuando las acciones se cotizaban a 5,75 dólares, los analistas de Pru-Bache calificaron la cotización de Continental de «sobrevalorada». El anuncio vino después de que Pru-Bache vendiera su parte de las acciones ofertadas con un beneficio de 1,2 millones de dólares.

Manufacturers Hanover Trust Co. realizó una serie de anuncios en prensa notificando a los clientes que no habían retirado sus beneficios, que éstos habían sido ingresados en sus cuentas. Pero muchos de ellos se preguntaron por el nivel mental de los directivos de su banco al ver que el anuncio incluía entre los titulares con «domicilio desconocido» a Dow Jones & Co., New York Telephone Co., Bank of America, Morgan Guaranty Trust Co. y Mitsubishi Motor Corp.

El servicio de Inversiones Moody informó en mayo de 1984 que estaba subiendo la posición de Cole National Corp., un consorcio comercial radicado en Cleveland, en su *rating* de solvencia. Moody dijo que ello se debía en gran parte al éxito de la cadena de jugueterías World Circus del citado consorcio, que, según Moody, «era la que le proporcionaba la mayor parte de ventas y beneficios». Estupendo, pero resulta que World Circus nunca había pertenecido a Cole, sino a su competidor, Rite Aid, una cadena de *drugstores*.

¿Por qué casi se les cae el pelo a los chicos de J. Walter Thompson por servir unas Coca-Colas durante la inauguración de su nueva sede en Manhattan en 1981?

Thompson tenía la cuenta del Teem de Pepsico Inc.; la agencia de Coke era McCann-Erickson. Los ejecutivos de Thompson se pusieron duros y sólo se sirvió Pepsi durante el resto de la fiesta.

NEGOCIOS DE RISA

Machacar a la competencia

LA GUERRA DE LAS CERVEZAS

Miller Brewing contra Anheuser-Busch

Primera ofensiva de A-B: A-B se queja a la Comisión Federal de Comercio (FTC), en 1977, de que la cerveza prémium de Miller, Lowenbrau, está siendo promocionada como la cerveza alemana del mismo nombre, y que se fabrica desde el siglo XIV. Pero, según A-B, Miller solamente compró los derechos para utilizar el nombre en los Estados Unidos en una cerveza fabricada por métodos modernos en Texas. La Comisión ordena a Miller cambiar su publicidad para dejar claro que Lowenbrau no es la cerveza alemana.

La respuesta de Miller: Miller declara la guerra abiertamente a A-B, anunciando: «Nos parece increíble [*sic*] que el mayor productor de cerveza del mundo pida protección a la FTC. Parece que al Rey de la Cerveza se le resbala la corona.»

El siguiente ataque de Miller: Ahora es Miller quien acude a la FTC en 1979 denunciando que la cerveza Natural Light de A-B no es en absoluto natural, y que contiene ácido tánico y otras sustancias químicas. Una nota de prensa acusa a A-B de fraude en el uso de la palabra «Natural» y de «corromper su verdadero sentido».

El contraataque de A-B: A-B anuncia que Miller también es un «embotellador químico» y le fuerza a admitir el uso de diferentes aditivos químicos en su Miller Lite.

Miller vuelve al ataque: Miller se queja al Departamento de Alcohol, Tabaco y Armas de Fuego de que la Michelob Light de A-B es «simplemente Michelob pasada por agua», pues sólo consiste en Michelob normal diluida con agua carbonatada.

A-B toma represalias: A-B convoca a la prensa y afirma que su Michelob Light es una cerveza absolutamente natural que, al revés que la Miller Lite, no contiene ninguna clase de hongos ni enzimas, ni sustancias artificiales para provocar espuma.

Contraofensiva de Miller: Miller alega que el famoso envejecimiento en haya de la cerveza Budweiser consiste en «tirar tablas tratadas químicamente en cubas de cerveza de cristal o acero inoxidable...».

Nueva andanada de Miller: El presidente de Miller, John Murphy (pág. 235, dcha.), declara que cuando llega al trabajo por las mañanas se limpia los zapatos en un felpudo con el sello de Budweiser. Y muestra un muñeco de vudú que tiene sobre su escritorio al que llama Augustus Busch III (cabeza de A-B).

La respuesta de A-B: Cuando Augustus Busch III (página 235, izqda.) se entera de lo del muñeco de vudú, él se hace otro con el pelo rojizo y se lo envía al pelirrojo Murphy con un alfiler de corbata, en el que figura el anagrama de Busch, clavado en el pecho.

La reacción de Miller: Murphy registra una nueva marca de cerveza con el nombre de «Gussie», el apodo de Augustus Busch III.

ESTUDIAR AL ENEMIGO

Robert L. Crandall, presidente de American Airlines, siempre ha estado un poco obsesionado con la competencia. De hecho, se ha dedicado a comprar grandes cantidades de libros y revistas sobre ellos.

En 1984, Crandall compró 25.000 ejemplares de un libro sobre Braniff International Corp. Pero no fue porque le gustase, sino por todo lo contrario. A Crandall no le gustó nada la forma en que se hablaba de él y de su compañía, de manera que, siguiendo sus instrucciones, American pagó al editor 150.000 dólares por retirar el libro y publicar una reedición ligeramente alterada.

Y en 1987 le atacó de nuevo la manía coleccionista. Esta vez se encaprichó con un cáustico artículo de *Texas Monthly* sobre Frank Lorenzo, presidente de su archienemiga Texas Air Corp., la mayor empresa de transporte aéreo de los Estados Unidos. A Crandall le gustó tanto el veneno que rezumaba el artículo, que compró 15.000 copias para distribuirlas en las reuniones de empleados.

Lo que a Crandall le pareció «absolutamente extraordinario» del artículo eran detalles como el apodo de Lorenzo en la universidad («Frankie Boca Suave») y la revelación de que dimitió de un puesto en el consejo del dormitorio en la Universidad de Columbia tras ser acusados él y otros de amañar unas elecciones estudiantiles.

GUERRAS PROMOCIONALES

LA BATALLA DE LOS DIRIGIBLES

Durante una guerra de marketing entre las dos mayores compañías de película fotográfica del mundo, los dirigibles fueron los caballos de batalla que mantuvieron en el aire una dura batalla a cámara lenta.

La guerra de las galaxias entre Eastman Kodak Co. y Fuji Photo Film Co. comenzó en 1984 cuando el *holding* japonés pagó 7 millones de dólares para sobrepujar a Kodak y convertirse en la película oficial de los Juegos Olímpicos en Los Angeles. Con sólo un 10 por 100 del mercado norteamericano, ante el 82 por 100 de Kodak, Fuji se regodeó haciendo volar su globo verde sobre las pistas olímpicas en la patria de su competidor.

La compañía americana decidió entonces hacer una maniobra estratégica en el mercado japonés, en el que poseía una cuota de mercado de un 13 por 100 frente al 71 por 100 de Fuji. El globo rojo de Kodak encabezaba la ofensiva.

El 25 de agosto de 1986 los ejecutivos de Fuji se asomaron a las ventanas de su sede en Tokio y, con gran indignación, pudieron ver ante sus ojos el dirigible de su archirrival cabeceando en el aire. Para hacer frente al invasor americano, Fuji trajo su globo, que se encontraba de servicio en Europa. Y dio comienzo la más grave escaramuza de esta contienda de mercadología. En 1986, durante un fin de semana de noviembre, los dirigibles estuvieron maniobrando casi a ras de las pistas deportivas. Kodak patrocinaba un torneo de judo que tenía lugar próximo al estadio en el que se celebraba una serie de partidos de baloncesto entre selecciones japonesas y americanas. Un portavoz de Fuji se quejó de que el globo de Kodak se había acercado peligrosamente a la nave de la compañía, intentando invadir el espacio del campo de baloncesto repleto de gente e ignorando los requerimientos del piloto de Fuji de que se alejara. El portavoz de Kodak dijo que el dirigible de Fuji había violado las regulaciones aéreas y había provocado «un desagradable juego de persecuciones».

Semanas después, Fuji fue atacada por otro frente: Goodyear, que denunció a la compañía fotográfica por infracción de las normas de marcas registradas. El caso fue resuelto, y ahora Goodyear empieza a mirar con malos ojos a los dirigibles usados por Kodak, McDonald's y Resorts International.

LA CAMPAÑA DE LA VALLA PUBLICITARIA

Frontier Airlines y Continental Airlines dirimieron sus diferencias en el campo de unas vallas publicitarias de Denver en 1986.

Junto al aeropuerto de la ciudad, Frontier instaló una valla que anunciaba: «NADIE VUELA MAS BARATO QUE FRONTIER. SI ESTO CAMBIA, CAMBIAREMOS ESTE ANUNCIO.» Pero cuando un cambio en la política de precios situó a Continental por debajo de Frontier, varios ejecutivos de Continental hicieron una acampada bajo el anuncio de Frontier. Montaron una tienda de campaña encima de un autobús alquilado y desplegaron una pancarta de diez metros que advertía a Frontier: «CONTINENTAL LO HACE POR MENOS. ESTAREMOS AQUI HASTA QUE DIGAIS LA VERDAD.»

Continental siguió hostigando posteriormente a su rival, ofreciendo en sus mostradores comidas gratuitas a los pasajeros de Frontier, para poner así de manifiesto que Continental no cobraba suplementos a sus clientes por las comidas como hacía Frontier. Y a continuación anunció que regalaría botellas de soda a los pobres pilotos de Frontier, que tenían que pagar 50 centavos por una soda en sus propios vuelos.

Entonces Frontier propuso una tregua enviando al campo enemigo por debajo de la valla varias cajas de aperitivos (por los que cargaba a los pasajeros 3 dólares). Pero los acampados de Continental decidieron morder la mano que les alimentaba. Enviaron a analizar una de las cajas de aperitivos y anunciaron que su valor era sólo de 1,26 dólares.

ERA TRABAJO SUCIO, PERO ALGUIEN TENIA QUE HACERLO

El término «piratas corporativos» adquirió un nuevo significado cuando algunos de sus vendedores, excesivamente celosos de su deber, fueron sorprendidos hurgando en la basura de un competidor.

En una siniestra operación dirigida a conseguir los listados de clientes de una empresa rival, unos torpes empleados de Advance Machine Co. saquearon un vertedero de Tennant Co. Las dos compañías de Minneapolis fabrican productos para mantenimiento de suelos.

Los hombres de Advance estuvieron revolcándose en la basura de la central de ventas de Tennant en San Leandro, California, repetidas veces durante 1978 y 1979, en flagrante violación de las leyes del estado, hasta que fueron atrapados.

Tennant llevó a su competidor a los tribunales y el Tribunal de Apelaciones de Minnesota impuso a Advance una multa de 500.000 dólares. En la sentencia se decía que los ejecutivos de Advance, a pesar de tener conocimiento de las actividades de sus carroñeros, no las habían detenido, dando muestras de una gran pobreza étita profesional.

¿Por qué PepsiCo Inc. les quitó el sueño a los directivos de Wendy International Inc. cuando esta cadena de restaurantes rápidos decidió cambiar de Pepsi a Coca-Cola en 1986?

Los representantes legales de Pepsi notificaron a los directivos de Wendy a domicilio la iniciación de un procedimiento legal contra la compañía entre la medianoche y las tres de la mañana.

JUGANDO CON DOS BARAJAS

Fariseísmo corporativo

EN NOMBRE DE LA REPUBLICA...

Durante años, Republic Steel Corp. se erigió en portavoz de los intereses americanos ante la competencia desleal extranjera. Estuvo promocionando el eslogan «Compre americano» y distribuyó montones de pegatinas para los parachoques en las que se leía: «Gracias por comprar un coche americano.»

Cuando Republic realizó la ceremonia inaugural de su nueva planta siderúrgica de 100 millones de dólares en Cleveland, el tema central fue, en todo momento, «Compre americano». Directivos y políticos subieron a la tribuna de los oradores y atacaron a las importaciones extranjeras. Se deshicieron en elogios de la planta automatizada y equipada con las más recientes tecnologías para permitir a Republic competir con éxito con sus rivales extranjeros, en la fabricación de acero de alta calidad. Lo que no se mencionó fue de dónde venía la mayor par-

te de tan innovador equipamiento y de su ingeniería. Evidentemente, no era obra del Tío Sam: la planta había sido construida a partir de un diseño alemán con aportaciones japonesas y la mayor parte de la maquinaria había sido comprada en Suecia y Alemania Occidental. En realidad, tuvo que reconocer Republic, sólo un 35 por 100 del equipamiento de la planta era de fabricación americana.

«Podíamos haber contratado a una compañía americana para que hiciera el trabajo a partir de los proyectos extranjeros —reconoció a *The Wall Street Journal* un subdirector de Republic—. Pero queríamos el mejor equipo que se pudiese comprar.»

¿Por qué muchos dudan de la sinceridad del presidente de Chrysler, Lee Iacocca, cuando insiste tanto en que hay que comprar productos americanos?

Porque Iacocca apareció en una campaña publicitaria de puros Don Diego, fabricados en la República Dominicana.

LO QUE ES BUENO PARA LA MADRE...

Entre los cientos de recomendaciones realizadas por la Comisión Grace para hacer más eficaz la gestión del gobierno federal se aconsejaba a los altos cargos que fuesen más agresivos en el cobro de dinero adeudado al gobierno.

En su informe, J. Peter Grace, cabeza de la comisión y presidente de W. R. Grace & Co., escribía: «Si alguien le debe una gran suma de dinero, probablemente hará todos los esfuerzos posibles para recuperarlo. Pero ése no es el caso del gobierno federal.»

El caso es que el gobierno federal ha hecho todo lo posible por cobrar deudas de empresas morosas, entre ellas una compañía en la que casi la mitad de las acciones son propiedad de W. R. Grace & Co. En 1983 el Departamento de Interior llevó a los tribunales a Rapoca Energy Co., una de las compañías mineras de Grace, por impago de 300.000 dólares más intereses en concepto de contribución territorial.

DEPENDE DE DONDE ESTE UNO SENTADO

Esta fue la opinión de Alvin Feldman sobre una propuesta de fusión en 1979 entre Continental Airlines y Western Airlines, desde su puesto de director general de la rival Frontier Airlines:

«La fusión violaría las leyes antimonopolio y reduciría la competitividad. Los beneficios serían más "mezquinos que significativos".» (Aceptando los argumentos de la compañía de Feldman, el Consejo de Aviación Civil bloqueó la fusión.)

Y ésta fue su opinión sobre la misma propuesta en 1981, aunque ahora era el nuevo presidente de Continental:

«La fusión beneficiaría a los usuarios y fortalecería a la industria del transporte aéreo.» (¿Cómo se explica que la misma fusión —que el Consejo volvió a rechazar— fuera tan beneficiosa sólo dos años después? «Con los años —dijo Feldman— uno va madurando.»)

LOS QUE NO SABEN, ENSEÑAN

Continental Illinois Bank, cuya mala gestión de préstamos lo llevó al borde de la bancarrota en 1984, lo que motivó la mayor ayuda federal concedida a una empresa privada, pensó que su deber era ayudar a los demás.

Mientras el banco luchaba por la supervivencia financiera, distribuyó un manual dirigido a estudiantes titulados superiores, «¿Cómo manejar su dinero?». Seguro que no como Continental Illinois.

HAZ LO QUE DIGO, NO LO QUE HAGO

A principios de los años ochenta, Baldwin-United Corp. era uno de los mayores vendedores de seguros de responsabilidad civil para directivos de empresas.

Pero esta compañía nunca intentó convencer a un importante grupo: sus propios directivos. Y precisamente por no tener este tipo de cobertura, los jefes de Baldwin se convirtieron —para mayor escarnio— en el mejor argumento para vender estos seguros.

En 1983 varios accionistas indignados denunciaron a la compañía de seguros por supuesto fraude y mala gestión. No contentos con ello, y sospechando de las fortunas personales de los poderosos directivos de Baldwin, arremetieron también contra ellos. Más de un 97 por 100 de las empresas del tamaño de Baldwin aseguran a sus altos cargos de responsabilidad civil, en previsión de que fueran denunciados por alguna decisión tomada en el consejo. Pero los de Baldwin no lo estaban, ya que el consorcio de Cincinnati había prometido correr con los gastos legales si algo así ocurría.

Pero la promesa se hizo cuando los beneficios de la empresa eran astronómicos. En 1983 su situación financiera era dramática y no podían reunir los 1.000 millones a que ascendían sus deudas a corto plazo.

Entonces ya era demasiado tarde para que los directivos consiguieran una cobertura legal, puesto que ya habían sido denunciados por los accionistas, de modo que lo pasaron francamente mal hasta diciembre de 1986, fecha en la que se llegó a un acuerdo.

LOS QUE SE PASAN DE LA RAYA

Sobre la ética y la moralidad

CUANDO EL GOBIERNO CORTO LA LUZ A LA GRAN CONSPIRACION ELECTRICA

Fue el mayor proceso penal en la historia de la Ley Sherman y la más sonada operación *anti-trust* en el sector eléctrico.

En 1961, General Electric, Westinghouse y otras 27 firmas fueron declaradas culpables de amañamiento de precios por un valor de 1.750 millones de dólares en equipamiento, durante ocho años. Las citadas empresas habían conspirado para fijar los precios, controlar concursos públicos y repartirse los mercados de cualquier producto, desde pequeños aislantes de 2 dólares a generadores de turbina de millones de dólares.

Una serie de directivos medios del sector se reunían regularmente para desarrollar el plan. Por ejemplo, las ventas de interruptores a instituciones gubernamentales y empresas privadas estaban controladas por cuatro compañías que rotaban mediante ofertas amañadas con porcentajes fijos: un 45 por 100 para General Electric, un 35 por 100 para Westinghouse y un módico 10 por 100 tanto para Allis-Chalmers como para Federal Pacific. Cada diez o quince días los conspiradores se reunían (en lo que chistosamente llamaban «ensayos del coro») para decidir quién se quedaba con el siguiente pedido y cuál debía ser su «oferta más baja».

Había un segundo nivel en la conspiración en el que entraban estas cuatro compañías y otras muchas, y que se repartían los beneficios en las ventas de material eléctrico al sector privado. Todas las semanas ciertos directores y subdirectores se comunicaban mediante memorándums en clave.

Los conspiradores tenían sus propios procedimientos para evitar ser detectados. Cada compañía tenía un número en clave que era su identificación en los memorándums y llamadas telefónicas. Cuando acudían a las reuniones que tenían lugar en hoteles, los participantes no hacían constar los nombres de sus empresas en el libro de registro, y muy rara vez eran vistos compartiendo una mesa en público con sus contactos. Los hombres de General Electric tomaban dos precauciones adicionales: nunca guardar ellos mismos los documentos y no mencionar absolutamente nada a los abogados de la empresa.

Finalmente alguien se fue de la lengua, desencadenando una vastísima investigación del Departamento de Justicia y el correspondiente proceso. Tras la presentación de las evidencias, el tribunal dictó siete condenas de prisión, veinticuatro de libertad provisional y un total de casi 2 millones de dólares en multas a 29 compañías.

Todos los ejecutivos culpables ocupaban cargos medios. Sin embargo, el juez J. Cullen Ganey, presidente del Tribunal de Distrito de Filadelfia, que instruyó el proceso, declaró que en última instancia los culpables eran los que ocupaban los cargos más altos de las compañías. «Habría que ser demasiado ingenuo para creer que delitos tan persistentes, que afectan a un sector tan grande de nuestra industria y que han movido tantos millones y millones de dólares, pueden ser desconocidos por los responsables de las empresas afectadas.»

Según el sumario, las empresas afectadas fueron: Allen-Bradley Co., Allis-Chalmers Manufacturing Co., Carrier Corp., A. B. Chance Co., Clark Controller Co., Cornell-Dubilier Electric Corp., Cutler-Hammer Inc., Federal Pacific Electric Co., Foster Wheeler Corp., General Electric Co., Hubbard & Co., I-T-E Circuit Breaker Co., Ingersoll-Rand Co., Joslyn Manufacturing & Supply Co., Kuhlman Electric Co., Lapp Insulator Co., McGraw-Edison Co., Moloney Electric Co., Ohio Brass Co., Porcelain Insulator Co., H. K. Porter Co., Sangamo Electric Co., Schwager-Wood Corp., Southern States Equipment Corp., Square D Co., Wagner Electric Corp., Westinghouse Electric Co., C. H. Wheeler Manufacturing Co. y Worthigton Corp.

LA CUMBRE DEL MAL HACER

Se han producido tantos delitos en el mundo empresarial que quizá merecieran por sí solos un libro como éste.

Durante décadas los periódicos han reflejado historias de complots y escándalos empresariales. ¿Hasta qué punto está extendida la corrupción en la empresa? En un estudio sobre las 1.043 principales empresas de los Estados Unidos, 117 (un 11 por 100) de ellas habían estado en algún momento implicadas en diversos delitos.

La relación que sigue enumera los principales procesos federales contra grandes empresas entre 1970 y 1980.

Nos hemos limitado a cinco delitos principales: soborno (incluyendo comisiones bajo cuerda y rebajas ilegales), fraude, donaciones políticas ilegales, evasión de impuestos y violaciones de las leyes *anti-trust*... y todas ellas emprendidas en beneficio de la compañía.

Estos procesos finalizaron con sentencias de culpabilidad o convenios ratificados por el tribunal. Muchos de los acusados fueron declarados culpables de allanamiento, similar a una declaración de culpabilidad, pero a menudo preferido por los acusados por no tener el aspecto de una confesión de culpabilidad.

Aunque el largo brazo de la ley pocas veces consiguió cruzar la puerta de los consejos de administración, cincuenta ejecutivos pertenecientes a quince compañías acabaron en la cárcel. Varias compañías fueron declaradas culpables en conjunto. En total se enumeran aquí 188 procesos que cubren 163 delitos por separado.

EMPRESA	DELITO
Allied Chemical	**1974:** Fijar los precios de los tintes. Convenio ratificado. **1979:** Fraude de impuestos en relación con pago de sobornos. Allanamiento en algunos cargos.
Amerada Hess	**1976:** Fijar los precios de la gasolina. Condenada tras proceso. Ejecutivo exculpado. Se recurrió la sentencia.
American Airlines	**1973:** Contribución ilegal de 55.000 dólares a una campaña. Culpable. **1975:** Acusaciones del CAB de malversación de fondos para contribuciones ilegales. Acuerdo entre partes. **1977:** Acusaciones del SEC en el mismo sentido. Convenio ratificado.

EMPRESA	DELITO
American Bakeries	**1972:** Fijar los precios del pan. Allanamiento.
Amer. Beef Packers	**1975:** Acusación a empresa y director general de fraude a un acreedor. Ambos declarados culpables de varios cargos. **1976:** Acusación del SEC en el mismo sentido. Requerimiento contra el director general.
American Brands	**1978:** Subsidiaria de James B. Beam y dos ejecutivos acusados de soborno a un funcionario estatal de Licores. Todos declarados culpables.
American Can	**1976:** Compañía y un ejecutivo acusados de fijar precios del cartón. Ambos allanamientos.
American Cyanamid	**1974:** Fijar precios de tintes. Allanamiento.
American Export Ind.	**1979:** Subsidiaria acusada de fijar precios de fletes transoceánicos. Allanamiento.
Anheuser-Busch	**1977:** Acusación del SEC por 2,7 millones de dólares en pagos ilegales a clientes. Convenio ratificado. **1978:** Acusación del Tesoro por la misma causa. Acuerdo y 750.000 dólares de multa.
Archer-Daniels-Midland	**1976:** Fraude a los compradores de grano por defecto en el peso. Allanamiento.
Arden-Mayfair	**1971:** Compañía y un ejecutivo acusados de fijar precios de lácteos. Allanamientos. **1977:** Acusaciones del SEC por fraude de 4 millones de dólares en rebajas ilegales y falseamiento de los libros. Convenio ratificado.

EMPRESA	DELITO
	1978: Fijar precios de productos lácteos. Allanamiento.
Armco	**1973-77:** Tres acusaciones de fijar precios de barras de acero reforzado. Allanamientos de la compañía y tres ejecutivos.
Ashland Oil	**1973:** Contribución política ilegal de 100.000 dólares. Declarada culpable. **1975:** Acusación del SEC de supuestos pagos ilegales. Convenio ratificado. **1977:** Fijar precios de resinas para pinturas. Allanamiento. **1980:** Subsidiaria Ashland-Warren declarada culpable en tres casos de ofertas amañadas para construcción de carreteras. Multas por un total de 1,5 millones de dólares.
Associated Milk Prod.	**1974:** Contribuciones políticas ilegales. Culpable.
Beatrice Foods	**1974:** Fijar precios de asientos de retretes. Compañía y director general de la división Beneke pleaded nolo. **1978:** Acusaciones de SEC de falseo de 11,7 millones de dólares en rebajas ilegales. Convenio ratificado.
Bethlehem Steel	**1973-74:** Dos casos de fijar precios de barras de refuerzo de acero. Allanamiento de la compañía y un empleado, otro, culpable después del proceso. **1980:** Fraude relacionado con pago de sobornos por negocios de reparación de buques. Declarada culpable.
Boise Cascade	**1978:** Fijar precios de contenedores. Allanamientos de la empresa y dos jefes de planta.

EMPRESA	DELITO
Borden	**1974 y 1977:** Dos casos de fijar precios de productos lácteos. Allanamiento de la empresa y tres ejecutivos.
Borg-Warner	**1971:** Fijar precios de conducciones de plástico. Allanamiento.
Braniff International	**1973:** Contribución política ilegal de 40.000 dólares. Presidente y compañía culpables. **1975:** Investigación del CAB sobre la contribución. Acuerdo. **1976:** Acusación del SEC por malversación de 900.000 dólares. Convenio ratificado. **1977:** Restricción ilegal de comercio. Allanamiento.
CPC International	**1977:** Fijar precios de azúcar industrial. Allanamiento.
Carnation	**1971:** Fijar precios de productos lácteos. Compañía y presidente declarados culpables. **1974:** Fijar precios de productos lácteos. Allanamientos de la compañía y director general.
Carter Hawley Hale	**1974:** Subsidiaria Bergdorf Goodman acusada de fijar precios en vestuario femenino. Allanamiento de compañía y ejecutivo.
Ceco	**1973-77:** Tres casos de fijar precios de barras de refuerzo de acero. Allanamiento de compañía y un ejecutivo; otro ejecutivo condenado tras juicio.
Celanese	**1971:** Fijar precios de conducciones de plástico. Allanamiento de la compañía y ejecutivo exculpado.
Cenco	**1976:** Acusaciones del SEC por falsificación de inventario. Siete de ocho antiguos ejecutivos firmaron conve-

EMPRESA	DELITO
	nios ratificados. **1979:** Siete ejecutivos acusados de fraude en relación con el mismo caso. Tres declarados culpables, tres condenados tras el proceso y uno exculpado. Los convictos apelaron.
Champion Intl.	**1974:** Ofertas amañadas en la compra de madera de tierras públicas. Compañía declarada culpable tras el juicio. Ejecutivo exculpado. **1976:** Fijar precios de cartón. Allanamiento.
Chemical New York	**1977:** Acusación de violaciones de la Ley de Secreto Bancario en complicidad con dos jefes de sucursal para blanquear dinero de un traficante de narcóticos. Los empleados y la empresa fueron declarados culpables.
Chicago Milwaukee	**1976:** Acusaciones del SEC por uso impropio de fondos y contribuciones políticas. Convenio ratificado.
Combustion Engin.	**1973:** Fijar precios de arena de cromita. Allanamiento de la compañía y ejecutivo.
Consolidated Foods	**1974:** Fijar precios de azúcar refinada. Allanamiento.
Continental Group	**1976:** Fijar precios de bolsas de papel. Compañía y un ejecutivo condenados tras proceso; otros dos exculpados. Multa de 750.000 dólares.
Cook Industries	**1976:** Fraude en el peso a los compradores de grano. Allanamiento de la compañía y cinco ejecutivos culpables.
Dean Foods	**1977:** Fijar los precios de productos lácteos. Allanamientos de compañía y ejecutivo.

EMPRESA	DELITO
Diamond International	**1974:** Contribuciones ilegales a campañas de 6.000 dólares. Compañía y ejecutivo declarados culpables. **1974:** Fijar precios de etiquetas de papel. Allanamientos de la compañía y dos ejecutivos. **1976:** Fijar precios de cartones de embalaje. Allanamiento de la compañía y siete ejecutivos.
Diversified Industries	**1976:** Acusación del SEC por fraude en el peso a clientes de procesos de recubrimientos metálicos. Convenio ratificado.
Du Pont	**1974:** Fijar precios de colorantes. Allanamiento.
Equity Funding	**1973:** Acusaciones del SEC relativas a 2.000 millones de dólares de pólizas de seguros inexistentes. Convenio ratificado. **1973:** Ex presidente y otros veintiún antiguos ejecutivos acusados de fraude. Todos declarados culpables de algún cargo.
FMC	**1976:** Fijar los precios de sulfatos. Allanamiento de la compañía y ejecutivo.
Federal Paper Board	**1976:** Fijar precios de cartones. Allanamiento de la compañía y dos ejecutivos.
Federated Dept. Stores	**1976:** La subsidiaria I. Magnin acusada de fijar precios en vestuario de señora. Allanamiento.
Fibreboard	**1976:** Fijar precios de cartones. Allanamiento de la compañía y ejecutivo.
Firestone	**1976:** Acusaciones del SEC por malversación de fondos y supuesta contribución política de 330.000 dólares. Convenio ratificado.

EMPRESA	DELITO
Flavorland Industries	**1979:** Fijar precios de carne. Allanamiento.
Flintkote	**1973:** Fijar precios de placas de yeso. Allanamiento de compañía, presidente y director general.
Franklin New York	**1974:** Acusaciones del SEC contra 9 ejecutivos y empleados del banco en relación con la bancarrota de Franklin National Bank. Compañía y ocho ejecutivos firmaron convenio ratificado. **1975:** Ocho antiguos ejecutivos y empleados del banco acusados de fraude. Todos culpables. **1978:** Otros tres antiguos ejecutivos acusados de fraude. Todos condenados tras proceso.
Fruehauf	**1975:** Compañía, director y subdirector acusados de evasión de impuestos. Los tres condenados tras proceso.
GAF	**1974:** Fijar precios de colorantes. Allanamiento.
GTE	**1977:** Acusaciones del SEC por contribuciones políticas y soborno a funcionarios locales. Convenio ratificado.
General Dynamics	**1977:** Acusaciones del SEC por falseamiento de libros para encubrir contribuciones políticas. Convenio ratificado.
General Host	**1972:** Fijar precios del pan. Allanamiento.
General Tire & Rubber	**1976:** Acusaciones del SEC por malversación de fondos y supuesta contribución política ilegal. Convenio ratificado.

EMPRESA	DELITO
Genesco	**1974:** Fijar precios de vestuarios de señora. Allanamiento.
Gimbel Bros.	**1974 y 1976:** Subsidiaria Saks & Co. acusada de fijar precios en vestuario de señora. Allanamiento de compañía y ejecutivo.
B. F. Goodrich	**1978:** Evasión de impuestos relacionada con desviación de fondos a contribuciones políticas. Allanamiento de la compañía; se retiran los cargos contra un ejecutivo.
Goodyear	**1973:** Contribución política ilegal de 40.000 dólares. Compañía y presidente, culpables. **1977:** Acusaciones del SEC por malversación de fondos de 500.000 dólares para contribuciones políticas. Convenio ratificado.
Great Western United	**1974:** La subsidiaria Great Western Sugar acusada de fijar precios de azúcar refinada. Allanamiento.
Greyhound	**1974:** Contribución ilegal a campaña de 16.000 dólares. Culpable.
Gulf Oil	**1973:** Contribución política ilegal de 100.000 dólares. Compañía y ejecutivo culpables. **1975:** Acusaciones del SEC por malversación de 10 millones de dólares para contribuciones políticas. Convenio ratificado. **1977:** Compañía y dos empleados acusados de soborno a un agente del IRS. La compañía resultó culpable, allanamiento de un empleado y condena del otro tras proceso. **1978:** Fijar precios del uranio. Culpable.

EMPRESA	DELITO
Hammermill Paper	**1978:** Subsidiaria Palmer Paper Co. acusada de fijar precios de productos de papel. Allanamiento de compañía y ejecutivo.
Heublein	**1978:** Soborno a funcionario del Departamento de Bebidas Alcohólicas Culpable.
Hoerner Waldorf	**1976:** Fijar precios de cartones. Allanamiento de compañía y cuatro ejecutivos. **1978:** Fijar precios de contenedores. Allanamiento.
ITT	**1972:** Subsidiaria ITT Continental Baking acusada de fijar precios de pan. Allanamiento.
Inland Container	**1978:** Fijar precios de contenedores de superficie ondulada. Allanamiento de la compañía y ejecutivo.
International Paper	**1974:** Fijar precios de etiquetas de papel. Allanamiento de la compañía y dos ejecutivos. **1976:** Fijar precios de cartones. Allanamiento de la compañía y cuatro ejecutivos. **1978:** Fijar precios de contenedores. Allanamiento. Multa de 617.000 dólares.
Walter Kidde	**1977:** Acusaciones del SEC a la subsidiaria U. S. Lines por 2,5 millones de dólares en descuentos ilegales. Convenio ratificado. **1978:** La Comisión Federal Marítima realiza acusaciones similares. Acuerdo. **1979:** U. S. Lines es acusada de fijar precios de transportes marítimos. Allanamiento. Multa de 1 millón de dólares.
Koppers	**1979:** Fijar ofertas en relación con suministros de alquitrán al estado de Connecticut. Allanamiento.

EMPRESA	DELITO
LTV	**1978:** Acusación del Departamento de Agricultura contra la subsidiaria Wilson Foods en relación con presuntos pagos ilegales a clientes. Acuerdo.
Liggett Group	**1978:** La subsidiaria Paddington Corp. es acusada de soborno a un funcionario del Departamento de Licores. Culpable.
Litton Industries	**1974:** Fijar precios de etiquetas de papel. Condenados tras el proceso.
3M	**1973:** Contribución política ilegal de 30.000 dólares. Compañía y presidente culpables. **1975:** Acusaciones del SEC sobre 634.000 dólares desviados para contribuciones. Convenio ratificado.
Marcor	**1976:** Subsidiaria Container Corp. acusada de fijar precios de cartones. Allanamiento de la compañía y ocho ejecutivos. **1978:** Subsidiaria acusada de fijar precios de cajas. Allanamiento de la compañía y dos ejecutivos.
Martin Marietta	**1978:** Subsidiaria Martin Marietta Aluminum acusada de fijar precios de productos de titanio. Allanamiento de compañía y ejecutivo.
Mattel	**1974:** Acusación del SEC de difusión de informaciones falsas para influir en la bolsa. Convenio ratificado. **1978:** Anterior director general acusado de delitos relacionados con el mismo caso. Allanamiento.
J. Ray McDermott	**1976:** Acusaciones del SEC relacionadas con malversación de más de 800.000 dólares para sobornos co-

EMPRESA	DELITO
	merciales y contribuciones políticas ilegales. Convenio ratificado. **1978:** Acusaciones de fraude y prácticas mafiosas relacionadas con sobornos y contribuciones ilegales. Culpable. **1978:** Fijar ofertas, contratos de conducciones y prospecciones petrolíferas marinas. Allanamiento de la compañía, director y otros tres ejecutivos. Multa de 1 millón de dólares.
Mead	**1976:** Fijar precios de cartones. Allanamiento de compañía y ejecutivo.
National Distillers	**1978:** Soborno a un funcionario de Licores. Culpable. **1980:** Acusaciones pagos ilegales a clientes. Acuerdo y multa de 750.000 dólares.
Northern Natural Gas	**1972:** Fraude relacionado con sobornos a funcionarios locales para obtener derechos de paso para conducciones petrolíferas. Allanamiento de compañía y un ejecutivo; los cargos contra otros miembros fueron retirados.
Northrop	**1974:** Contribuciones políticas ilegales de 150.000 dólares. Compañía y dos ejecutivos culpables. **1975:** Acusaciones del SEC por malversación de 500.000 dólares en contribuciones ilegales. Convenio ratificado.
Occidental Petroleum	**1974:** Contribuciones políticas ilegales de 54.000 dólares. Un ejecutivo y, posteriormente, el presidente, declarados culpables. **1977:** Acusaciones del SEC por desviación de 200.000 dólares en contribuciones ilegales en los Estados Unidos y extranjero. Convenio ratificado.

EMPRESA	DELITO
Olinkraft	**1978:** Fijar precios de contenedores. Allanamiento de la compañía y un ejecutivo; otro ejecutivo exculpado.
Owens-Illinois	**1978:** Fijar precios de contenedores. Allanamiento de compañía y un ejecutivo; otros dos exculpados.
Pan American	**1975:** Recorte ilegal de tarifas. Allanamiento. **1977:** Fijar precios de tarifas militares. Allanamiento.
Peavey	**1977:** Fraude en el peso a compradores de grano. Allanamiento.
Penn Central	**1974:** Acusaciones del SEC de fraude en la bancarrota de la compañía ferroviaria. Convenio ratificado.
PepsiCo	**1970:** Subsidiaria Frito-Lay acusada de fijar precios de aperitivos. Allanamiento. **1977:** Acusada de fijar precios de azúcar industrial. Allanamiento. **1979:** Casa central y dos ejecutivos de la subsidiaria Monsieur Henri acusados de soborno a un empleado de un sindicato. Todos culpables.
Pet	**1970:** Fijar precios de aperitivos. Allanamiento.
Phillips Petroleum	**1973:** Contribución política ilegal de 100.000 dólares. Compañía y presidente culpables. **1975:** Acusaciones del SEC por desviación de 2,8 millones de dólares, parte de los cuales fue supuestamente usada para contribuciones políticas ilegales. Convenio ratificado. **1975:** Fijar precios de gasolina. Allanamiento. **1976:** Evasión de impuestos relacionada con la citada malversación. Culpable.

EMPRESA	DELITO
Pittston	**1977:** Subsidiaria Brink's Inc. acusada de fijar ofertas y precios de servicios de seguridad. Allanamiento de la compañía y cinco ejecutivos. Compañía multada con 625.000 dólares.
H. K. Porter	**1974:** Fijar precios de barras de refuerzo de acero. Allanamiento.
Potlatch	**1976:** Fijar precios de cartones. Allanamiento de compañía y un ejecutivo; otro ejecutivo exculpado.
Purolator	**1978:** Fijar ofertas y mercados para servicios de seguridad. Allanamiento.
Rapid-American	**1978:** La subsidiaria Schenley y tres ejecutivos acusados de sobornar a un funcionario de Licores. Todos culpables. **1979:** Acusaciones del SEC contra Schenley acerca de presuntos pagos ilegales a clientes por valor de 6 millones de dólares. Convenio ratificado.
Reichhold Chemicals	**1977:** Fijar precios de resinas para pinturas. Allanamiento de compañía y ejecutivo.
R. J. Reynolds Ind.	**1977:** Acusaciones de la Comisión Federal Marítima contra la subsidiaria Sea-Land Services por pagos ilegales a clientes. Acuerdo y 4 millones de dólares de multa. **1978:** Denuncia del SEC contra Sea-Land a causa de 25 millones en supuestas rebajas ilegales y contribuciones políticas. Convenio ratificado. **1979:** Fijar precios de transportes transoceánicos. Allanamiento. Multa de 1 millón de dólares.

EMPRESA	DELITO
Rockwell International	**1978:** Fijar precios de contadores de gas. Culpable.
St. Regis Paper	**1976:** Fijar precios de cartones. Allanamiento de compañía y ejecutivo.
F. & M. Schaefer	**1978:** Acusaciones del Departamento del Tesoro por 600.000 dólares en descuentos ilegales a clientes. Acuerdo.
Jos. Schlitz Brewing	**1977:** Acusaciones del SEC en relación con descuentos ilegales a clientes por valor de 3 millones de dólares. Convenio ratificado. **1977:** Fijar precios de la cerveza. Allanamiento de compañía y ejecutivo. **1978:** Acusaciones del Departamento del Tesoro por prácticas comerciales fraudulentas y descuentos ilegales. Convenio ratificado y multa de 750.000 dólares.
Joseph E. Seagram	**1977:** Acusaciones del SEC acerca de más de 1 millón de dólares en supuestas rebajas ilegales a clientes y contribuciones políticas. Convenio ratificado. **1978:** Seagram Distillers, otras tres subsidiarias y cuatro ejecutivos acusados de soborno de un funcionario de Licores. Todos culpables. **1979:** Pagos ilegales a miembros de una comisión estatal de control de licores. Culpable. Multa de 1,5 millones de dólares.
Seatrain Lines	**1978:** Pago de descuentos ilegales y violación de las leyes sobre cambio. Culpable en el proceso penal y 2,5 millones de multa en el proceso de la Comisión Federal Marítima. **1979:** Fijar precios de transportes trans-

EMPRESA	DELITO
	oceánicos. Allanamiento. **1980:** Denuncia del SEC en relación con 14 millones de dólares en descuentos ilegales a clientes. Convenio ratificado.
Singer	**1975:** Contribución política ilegal de 10.000 dólares. Culpable.
SuCrest	**1977:** Fijar precios de azúcar industrial. Allanamiento.
Tenneco	**1976:** Subsidiaria Packaging Corp. acusada de fijar precios de cartones. Allanamiento de compañía y cuatro ejecutivos. **1978:** Fraude en conexión con soborno de un funcionario local. Culpable.
Textron	**1978:** Fijar precios de contadores de gas. Culpable.
Time Inc.	**1976:** Subsidiaria Eastex Packaging acusada de fijar precios de cartones. Allanamiento.
Trans World Corp.	**1975:** TWA acusada de recorte ilegal de tarifas. Allanamiento. **1977:** Fijar precios de tarifas militares. Allanamiento.
Uniroyal	**1977:** Acusaciones del SEC en relación a contribuciones políticas ilegales. Convenio ratificado.
United Brands	**1975:** Acusaciones del SEC por malversación de fondos para sobornar con 1,2 millones de dólares a un funcionario hondureño. Convenio ratificado. **1978:** Cargos de fraude en relación con el mismo asunto. Culpable.
U. S. Steel	**1973:** Fijar precios de barras de acero de refuerzo. Allanamiento de compañía y ejecutivo.

EMPRESA	DELITO
Jim Walter	**1978:** Subsidiaria Knight Paper acusada de fijar precios de productos de papel. Allanamiento de compañía y ejecutivo.
Ward Foods	**1972:** Fijar precios del pan. Allanamiento. **1978:** Fijar precios de carne. Allanamiento.
Weyerhaeuser	**1976:** Fijar precios de cartones. Allanamiento de compañía y tres ejecutivos. **1978:** Fijar precios de cajas. Allanamiento de la compañía. Multa de 632.000 dólares. Dos ejecutivos exculpados.
Wheelabrator-Frye	**1976:** La subsidiaria A. L. Garber acusada de fijar precios de cartones. Allanamiento.
Zale	**1977:** Acusaciones del SEC relacionadas con malversación de fondos para reintegrar a ejecutivos pagos ilegales a políticos. Convenio ratificado.

Cuadro reproducido con autorización de *Fortune*; del artículo «¿Respetan la ley las grandes compañías?» de Irving Ross. 1980, Time Inc. Todos los derechos reservados.

UNA POLITICA POBRE Y MEDIOCRE

¿Cómo consiguió E. F. Hutton, cuando era la quinta sociedad de valores de Wall Street, disfrutar de préstamos sin intereses por valor de cientos de millones de dólares entre 1980 y 1982?

Jugando con cheques sin fondos. Hutton depositó fondos en unos 400 bancos comerciales. Tras dejar una cuenta en descubierto, Hutton cubría esto extendiendo otro cheque, que dejaba en descubierto otra en otro banco. Con rapidez de movimientos, Hutton siempre iba un paso por delante de los bancos, y, en efecto, con ello consiguió un préstamo libre de intereses de 250 millones de dólares. Sin embargo, este tipo de práctica bancaria es totalmente ilegal, y cuando el Departamento de Justicia habló, E. F. Hutton tuvo que escuchar. En 1985 la compañía se declaró culpable de un fraude que abarcaba 2.000 cuentas. Fue multado con 2 millones de dólares más 750.000 en costes procesales y tuvo que devolver a los bancos 8 millones en intereses perdidos.

UN MAL SABOR DE BOCA

La pasta de dientes Darkie (Moreno) es el producto que peor sabor de boca ha dejado a Colgate-Palmolive en todo el mundo.

Fabricada por una compañía controlada al 50 por 100 por Colgate, esta pasta de dientes ha sido un gran éxito de ventas en el Sudeste Asiático durante los últimos sesenta años. Y el bochorno de Colgate no se debe a la pasta en sí, sino a su presentación, tachada de racista.

En la caja aparece la caricatura de un típico artista americano blanco con la cara pintada de negro, flamante sombrero de copa y una resplandeciente sonrisa.

Esta pasta de dientes con flúor es fabricada por Hawley & Hazel Co., una empresa Hong-Kong-taiwanesa con participación de Colgate.

Cuando en 1985 el Interfaith Center on Corporate Responsibility protestó por primera vez contra Darkie, Colgate se defendió diciendo que aunque el nombre y

la caja pudiesen ser inaceptables para la forma de pensar americana, en Asia no suponía ningún insulto. «No somos insensibles, pero, hasta donde llegan nuestras informaciones, no es un producto racialmente ofensivo para los países en los que se comercializa», declaró Gavin Anderson, director de desarrollo internacional de la empresa. «El dentífrico Darkie se ha venido vendiendo desde los años veinte, y su presentación era originalmente un homenaje a Al Jolson (protagonista de *El Cantante de Jazz*).

Pero el Interfaith Center no aceptó el razonamiento. Su director ejecutivo, Timothy Smith, dijo: «Entonces, si Darkie no es insultante en Asia, ¿por qué no vender un dentífrico Chink en Europa?»

Colgate accedió a modificar el logo de Darkie y a buscar un nuevo nombre. La empresa adelantó que la nueva imagen del producto podía ser un negro joven, moderno y bien vestido y que el nuevo nombre podría ser «Dakkie» o «Hawley». Pero de todos modos Colgate sigue siendo reacia a cambiar el nombre o la presentación, por temor a perder el prestigio de marca de su producto mejor vendido en Asia.

CUANDO GENERAL MOTORS ARRASO POLETOWN

Capítulo 1

General Motors se empeña en que Detroit haga desaparecer parte de una población llamada Poletown con el fin de levantar un complejo automatizado de fabricación de coches de lujo. Los 3.400 residentes de esta comunidad de clase media baja formulan una protesta en 1981 que no produce ningún resultado.

Capítulo 2

General Motors pulsa sus resortes y consigue que las autoridades de la ciudad destinen 220 millones de dólares en subsidios gubernamentales para comprar la tierra, realojar a los residentes y demoler las estructuras. En un último intento desesperado, los habitantes de Poletown se manifiestan ante GM y a continuación dirigen una caravana al domicilio del presidente de la compañía, Roger Smith, para pedirle que abandone *él* su casa y tierras para que se construya la planta. Smith había salido.

Capítulo 3

El reverendo Joseph Karasiewicz, pastor de la Iglesia de la Inmaculada Concepción, pide a Smith en una carta que no destruya las doce iglesias de Poletown. Smith no responde. Entonces el padre Joe declara a la prensa que destruir una comunidad y sus iglesias para construir una fábrica es algo que no sucede ni siquiera en la comunista Polonia. Un residente añadía: «Somos vecinos. Nos amamos y nos ayudamos los unos a los otros. Apuesto lo que quiera a que todos esos ejecutivos de General Motors no tienen vecinos que les amen.»

Capítulo 4

Seis meses después la policía ata una cadena a la puerta de la iglesia del padre Joe y un camión la arranca de cuajo. A continuación, los agentes, armados hasta los dientes, irrumpen en la iglesia y arrestan a una docena de parroquianos que se mantenían encerrados para proteger la iglesia. En pocas horas la bola de acero de una inmensa máquina demoledora comienza a golpear las paredes de la rectoría. Un policía que tomó parte en la operación decía: «Uno no puede evitar sentirse mal por esa pobre gente... Una gran empresa como General Motors llega y los echa a patadas.»

Capítulo 5

Charles Mistele, propietario de una compañía de suministros de combustible en Poletown, pide a las autoridades de la ciudad seis meses más para realojar su empresa. Presionadas por GM, las autoridades dicen que no; GM quiere que la planta esté funcionando en dos años (se tardó cinco en acabar la construcción). Mistele se vio forzado a cerrar, perdiéndose 72 puestos de trabajo. «Es muy amargo —dijo—. Llevo mucho tiempo trabajando para sacar esto adelante. Somos una empresa privada, y ellos simplemente nos han barrido.»

Capítulo 6

Tras la destrucción de doce iglesias y cientos de hogares y edificios, y tras la expulsión de miles de habitantes, General Motors nivela 465 acres de Poletown y construye una fábrica que ocupa 70.

CUATRO EMPRESAS QUE SE APROVECHARON DE LA LEGISLACION SOBRE SUSPENSION DE PAGOS

Texaco

1987: La tercera compañía petrolífera de Estados Unidos se acoge al capítulo 11 sobre quiebras —concebido para proteger a las empresas que atraviesan problemas de la presión de sus acreedores— para no tener que emitir obligaciones por valor de 10.500 millones de dólares. Texaco buscó refugio en el tribunal de quiebras en su amarga lucha contra Pennzoil por la posesión de Getty Oil Co. Pennzoil, que había denunciado a Texaco por interferir en la compra de Getty, obtuvo una indemnización de 11.000 millones de dólares de Texaco, según decisión de un tribunal en 1985. Finalmente se llegó a un acuerdo en 1988.

A. H. Robins

1985: Con una sentencia pendiente sobre su dispositivo anticonceptivo intrauterino Dalkon Shield, Robins se acoge a la protección del capítulo 11. La maniobra detuvo de inmediato 5.100 procesos pendientes por denuncias de mujeres que sostenían que dicho dispositivo producía esterilidad y malformaciones. La compañía dice que ha abierto un fondo para abonar las indemnizaciones pendientes cuando supere la reorganización.

Continental Airlines

1983: Frank Lorenzo se sirvió del capítulo 11 para evitar a su empresa el cumplimiento de deberes contractuales para con sus empleados. Consiguió del tribunal de quiebra que cancelara los contratos con tres sindicatos. Tras la recuperación de la empresa, en 1986, los empleados han recibido unos salarios sustancialmente inferiores y menores beneficios, y sus condiciones de trabajo se han endurecido considerablemente.

Manville Corp.

1982: Anteriormente llamada Johns-Manville, esta empresa fue la primera gran corporación que se aprovechó de la legislación sobre quiebras, acogiéndose al capítulo 11, a pesar de tener unos activos de 2.000 millones de dólares. Esta empresa de Denver, en otros tiempos primer productor de asbestos de los Estados Unidos, se declaró en quiebra pensando que iba a tener que hacer frente a miles de denunciantes cuya salud había sido dañada por dicho producto. El sumario congeló unos 16.500 procesos. El plan de reorganización de Manville, que debe enfrentarse a unos pagos de indemnizaciones estimados en 2.500 millones de dólares en los próximos veinticinco años, ha sido ya denunciado dos veces.

CONTABILIDADES
INCONTABLES

Líos de trastienda

GASTOS DE RELLENO

Ejemplo 1

En 1984, Charter Co., la empresa de seguros y petróleos, se acogió al capítulo 11 de la ley de bancarrota, mientras continuaba recibiendo facturas de las más insólitas direcciones.

Entre los acreedores se encontraban el Hotel Ritz de París, tiendas exclusivas de Nueva York, tales como Tiffany y Steuben, Glass y la agencia de cruceros marítimos Cunard Lines Ltd. También había facturas de lugares de recreo como Walt Disney World en Florida, del Circle Repertory Company de Nueva York, del Los Angeles Rams y de varios clubs privados de Jacksonville en la zona de Florida.

Un portavoz de la firma dijo que las facturas formaban parte de los «gastos rutinarios de la empresa».

Ejemplo 2

En 1985, General Dynamics, el mayor contratante de defensa de los Estados Unidos, facturó al Pentágono cosas del tipo de una inscripción en un club de campo y gastos de alojamiento en una residencia canina para el perro de un directivo por valor de 18.000 dólares. Dicha cantidad fue incluida en la lista de «gastos indirectos», los cuales, según el Pentágono, formaban parte de los 75 millones de dólares en gastos «innecesarios y excesivos». El secretario de Defensa, Caspar Weinberger, se puso tan furioso que suspendió todos los pagos pendientes con General Dynamics durante varias semanas —un castigo que le costó a la empresa alrededor de 40 millones de dólares mensuales.

«BUENO, CREO QUE COMO EL ALOJAMIENTO DE FIFI TIENE TECHOS, PODEMOS INCLUIRLO EN LOS GASTOS DE INMUEBLES.»

Ejemplo 3

En 1981: Northwest Energy Co., la empresa de Salt Lake City que encabezaba el consorcio de conducciones petrolíferas de Alaska, trató de facturar a sus futuros clientes más de un millón de dólares por actividades no relacionadas con la construcción, pendientes desde 1970. Por ejemplo: 20.000 dólares por «un crucero de pesca y una recepción en un barco sobre el río» antes de una reunión de negocios; 19.000 dólares por varias fiestas celebradas en Washington D. C. para «festejar la elección por parte del presidente Carter» de la ruta para el proyecto; 13.000 dólares para cubrir las mensualidades de «varios clubs deportivos de campo y restaurantes»; 14.450 dólares por clases de esquí y «excursiones de pesca» de algunos ejecutivos, y 3.658 dólares «para satisfacer la costumbre oriental de intercambiar regalos entre empresas» asociadas al negocio. La empresa dijo que consideraba todos los gastos como legítimos dentro del negocio. La auditoría de la Comisión Federal Reguladora de la Energía no estuvo de acuerdo.

Ejemplo 4

Northrop fue acribillada por los auditores del gobierno, que exigieron el reembolso de millones de dólares en dudosos gastos indirectos de empresa, incluidos los gastos en diversiones del personal del Departamento de Defensa. Dentro de estos «gastos indirectos» se encontraba un albergue para cazadores de patos que alquilaba la empresa. Northrop fue allí el anfitrión de los altos cargos del Pentágono durante ciento cuarenta semanas entre 1971 y 1974.

OLVIDESE DE SU CAPACIDAD PARA LAS MATEMATICAS. ¿ES UN BUEN ESCRITOR DE FICCION?

La contabilidad creativa abarca mucho más que el manejo de los números. También implica una gran capacidad para las letras.

En 1983 la empresa de contaduría Ernst & Whinney, con sede en Cleveland y una de las más importantes del país, tuvo problemas cuando el Departamento de Justicia, representando al Ministerio de Hacienda, los llevó a los tribunales. El gobierno acusaba a la empresa de utilizar de modo intencionado términos «falsos, engañosos y falaces» en un «juego de palabras y prestidigitación».

Según la acusación, Ernst & Whinney utilizaban nombres equívocos para designar a diferentes partes de un nuevo edificio, con la intención de favorecer a un cliente desgravando impuestos. Entre los términos tan creativamente inventados por la firma se encontraban los siguientes:

- *avisador de combustión* = timbre de alarma contra incendios
- *particiones móviles* = puertas
- *elementos decorativos permanentes* = ventanas
- *dispositivos de identificación* = carteles anunciadores del centro comercial (15 metros de altura)
- *plantador* = 32 toneladas de gravilla y 70 metros cúbicos de manto vegetal.

Ernst & Whinney alegaron en el juicio que habían empleado dicho vocabulario para favorecer fiscalmente todo lo posible al cliente.

LA TRAGICOMEDIA DE CITICORP

Capítulo 1

En 1982, Citicorp —el segundo mayor *holding* bancario del país— es informado por parte de uno de sus propios ejecutivos de que las sucursales del banco en Europa están transfiriendo ilegalmente dinero a cuentas libres de impuestos en las Bahamas.

Capítulo 2

Surge una disputa en el seno de la Comisión de Bolsa y Valores (SEC) sobre las transacciones poco claras de Citicorp. Algunos funcionarios quieren que Citicorp sea sancionado, pero otros dicen que no comulgan con la teoría de que una empresa que viola las leyes que controlan los asuntos fiscales sea necesariamente mala. El responsable del SEC, John Fedders, alega que, aunque las transacciones sean ilegales, son un «procedimiento habitual» para maximizar los beneficios.

Capítulo 3

Casi toda la comisión del SEC (formada por cinco miembros) está de acuerdo con que la directiva de Citicorp no está obligada legalmente a revelar las transacciones incorrectas, ya que la firma nunca aseguró a sus accionistas que los más altos ejecutivos fuesen «honestos o íntegros». El SEC decide no dar curso a una acción legal porque el caso está más relacionado con Hacienda que con las transacciones bursátiles.

Capítulo 4

El ejecutivo de Citicorp David Edwards, que fue el primero en informar de las irregularidades a la directiva del banco, es despedido.

CONT(H)ABILIDAD CORPORATIVA

General Dynamics Corp., la empresa contratista de armamento más importante del país, no pagó los impuestos federales desde el año 1972 al 1986, a pesar de que tuvo unos beneficios de 2.000 millones de dólares durante ese tiempo. Esto se debió a que la firma utilizó un método contable llamado «contabilidad a contrato cumplido», por lo que pudo pagar a sus accionistas unos dividendos de más de 100 millones de dólares —dividendos que no eran gravables.

En 1986, AT&T se enfrentó a un estudio que revelaba que la multimillonaria empresa no había pagado sus impuestos. AT&T citó una cláusula especial de las leyes de impuestos que decía que una empresa en desarrollo podía retrasar el pago a hacienda hasta años después. Por consiguiente, una empresa que continúa en desarrollo puede retrasar los pagos indefinidamente. AT&T mantiene que es una empresa en desarrollo y, por lo tanto, los impuestos aplazados deberían considerarse como pagados.

Tenneco Inc. anunció en 1986 que pensaba cambiar su sistema de administración y que iban a cargar 988 millones de dólares de las ganancias de años anteriores. Expertos en contabilidad describieron la maniobra como un «cambio inteligente y oportuno» y también como «contabilidad creativa».

En 1985 la Penrod Drilling Co., una empresa petrolífera propiedad de los hermanos Hunt, tuvo beneficios, a pesar de sufrir unas pérdidas reales de más de 100 millones de dólares. ¿No les parece increíble lo que la contabilidad es capaz de hacer?

JUNTAS ANUALES DE ACCIONISTAS

Los abusos de la empresa con sus accionistas

¿NO TE DA LA IMPRESION DE QUE AQUI NO CAEMOS BIEN?

(Cómo reprimen las empresas a sus accionistas en las juntas anuales)

En 1986 la asamblea anual de Fuqua Industries duró dos minutos. Se presentaron tres personas. El presidente de la empresa, Lawrence P. Klamon, aseguró que sus accionistas estaban tan contentos con la actuación de la firma que no se habían molestado en ir. Quizá el motivo fuese que Fuqua tenía por costumbre concertar las reuniones los sábados a primera hora de la mañana. La junta anual más corta en la historia de Fuqua duró un minuto cincuenta segundos. El récord fue establecido por su presidente, J. B. Fuqua, en 1973 después de que la Bolsa de Nueva York denegara su petición de suprimir las juntas anuales.

Sierracin Corp., una empresa aeroespacial, limitó la asistencia de accionistas a su reunión de 1986 porque se iba a llevar a cabo en la cafetería de la empresa, que sólo contaba con 200 asientos. Cuando el abogado de uno de los accionistas quiso acompañar a su cliente, la empresa le negó la entrada, por lo que el abogado compró una acción a otro accionista y asistió a la reunión —para descubrir que sólo habían acudido veinte personas. Durante la junta, los accionistas se interesaron por un extraño plan de pólizas de seguros que tenía la empresa y sobre dos juicios que tenían pendientes. Los ejecutivos se negaron a contestar porque, según declararon a los accionistas, era norma de la empresa no dilatarse en preguntas y respuestas durante las juntas anuales.

«BIEN, SI NO HAY MAS PREGUNTAS, SUPONGO QUE SE LEVANTA LA SESION.»

Standard Brands trató de impedir la participación de sus accionistas en la reunión anual de 1960, llevándola a cabo en una gigantesca sala sin micrófonos. Los accionistas no pudieron ni hacerse escuchar ni oír lo que estaba ocurriendo. Antes de la reunión, la directiva anunció que sólo responderían a preguntas formuladas por escrito. No permitieron réplica alguna a sus respuestas y se negaron a considerar una lista de protestas relacionadas con el procedimiento seguido.

La empresa Swan-Finch se hizo famosa por la mala acogida que daba a sus accionistas. La persona responsable de tal mal trato era su presidente, Lowell Birrell, que fue acusado de estar involucrado en varios casos de estafa. Para evitar una revuelta por parte de los accionistas, Birrell programó su reunión anual el día 4 de julio, día de la Fiesta Nacional, fecha en que la mayoría de la gente estaría de vacaciones. Unos años más tarde intentó acortar la reunión anual convocándola en pleno verano, con las ventanas cerradas y sin aire acondicionado.

IBM y su presidente, Thomas Watson, Jr., cortaban a los ponentes de sus reuniones apagándoles el micrófono. Pero dicha táctica no funcionaba siempre. Durante la reunión anual de 1966, Watson cortó a la belicosa accionista Wilma Soss en mitad de una frase, cuando comenzó a tratar un punto que no convenía a la empresa. Pero la señora Soss no se detuvo ante nada y sacó de su gabardina un megáfono a través del que continuó su discurso hasta no dejar nada en el tintero. Watson se vengó de ella haciendo que la sacaran de la sala. Cinco años más tarde hizo que tres guardias de seguridad la expulsaran una vez más mientras estaba criticando a un miembro de la junta.

El Chase Manhattan Bank acostumbraba a llenar la sala de la reunión anual con empleados leales, cuya misión era abuchear a los accionistas que no comulgaban con el punto de vista de la empresa. La táctica favorita de su presidente, Winthrop Aldrich, era la de poner en un compromiso a la persona que hablaba preguntándole por el número de acciones que poseía. A menos fueran, mayores eran las risotadas. Pero se vio obligado a volver a utilizar ese truco cuando se tropezó con Lewis Gilbert, un héroe entre los accionistas. Cuando Aldrich le preguntó a Gilbert, durante una reunión anual, cuántas acciones tenía, éste le contestó indignado: «Esa es una pregunta impertinente. Debo pedirle que la retire. La ley dice —y usted debería saberlo— que tengo el mismo derecho a preguntar teniendo diez acciones como teniendo diez mil.» Aldrich tuvo que disculparse.

Genesco dejó a oscuras a sus accionistas en la reunión anual de 1970. Dicha reunión se llevó a cabo en un teatro muy bien iluminado en el estrado. Sin embargo, el patio de butacas estaba tan oscuro que los accionistas no podían leer o tomar notas.

Public Service Co., de Colorado, sometió a sus accionistas a una prueba de resistencia, pensada para dejarles agotados y evitar que hablasen en la reunión anual de 1969. La empresa obligó a una audiencia de centenares de personas a soportar durante horas y horas una proyección sobre farolas históricas, una película sobre la construcción de una planta nuclear y extensísimos monólogos por parte de la directiva. Los espectadores se agotaron de tal forma que cuando un accionista intentó comentar una propuesta de reforma, la extenuada multitud pidió que se dejara para otra ocasión —justo lo que la empresa esperaba.

¿ALGO QUE OBJETAR?

(Respuestas de presidentes a críticas de sus accionistas)

Reacción de William Black, presidente de Chock Full o'Nuts, cuando se enfadó por las comprometidas preguntas de los accionistas en 1970:
Salió disparado de la sala mientras todos le abucheaban a coro y nunca más asistió a otra reunión anual de la empresa.

Reacción de Irving Olds, presidente de United States Steel, cuando se desató la rebelión entre los irritados accionistas durante la junta anual de 1949:
Olds golpeaba la mesa con el mazo con tal frenesí que involuntariamente machacó su propio reloj, convirtiéndolo en una masa informe.

Reacción de Herbert Moiner, presidente de TFI Companies Inc., durante la junta anual de 1979, cuando un accionista indignado le pidió que justificara su sueldo de 225.016 dólares y los aumentos salariales concedidos a ejecutivos de la empresa, mientras que los accionistas no habían recibido dividendos en nueve años:
Moiner le agradeció al accionista sus «legítimas preguntas», y sin contestarlas, prescindiendo de los asuntos rutinarios, suspendió repentinamente la reunión.

Respuesta de Frederick Kappel, presidente de AT&T, a dos accionistas que protestaron de que estaba violando las reglas de procedimiento aceptadas durante la reunión anual de 1965:
«Esta reunión no está sujeta a las normas de ningún manual de urbanidad, sino a las mías. Si no se sientan haré que los saquen de aquí.»

Respuesta de Lucille Ball, presidenta de Desilu, durante la junta anual de 1965, cuando el accionista John Gilbert afirmó que el sueldo de 500.000 dólares que había recibido Lucy equivalía a las pérdidas que había tenido la empresa:

Lucy se enfureció de tal modo que su abogado ordenó al jefe de seguridad que expulsara a Gilbert de la sala. Pero algo no sabía: Gilbert era campeón de boxeo. Se enzarzó con el jefe de seguridad en una sangrienta y feroz pelea hasta que Lucy suspendió momentáneamente la sesión. Antes de abandonar su lugar, le preguntó en tono sarcástico: «Señor Gilbert, ¿le importa si voy un momento al lavabo?» Gilbert accedió y Lucy salió disparada de la sala, pegando un sonoro portazo. «Esto sí que ha sido un *show* de verdad —dijo Gilbert—. La pena es que no haya sido en televisión. Podría haber aumentado nuestros ingresos.»

EL SE LO GUISA Y EL SE LO COME

En las juntas anuales de la empresa Occidental Petroleum Corp. de Armand Hammer se lía un buen pastel —en sentido literal.

Para combatir cualquier decisión de los accionistas a la que se oponga la directiva de la empresa, ésta ha convertido sus reuniones anuales en fiestas de cumpleaños de dos horas y media para su presidente, el señor Hammer. El acto, que se celebra el mismo día del cumpleaños de Hammer, 21 de mayo, en un hotel de Beverly Hills, generalmente incluye una tarta «sorpresa» seguida de largos y sonoros discursos y una película de treinta minutos en la que se realzan las contribuciones a las artes y a los negocios internacionales de Hammer.

Hammer hace callar a los accionistas disidentes haciendo que les apaguen los micrófonos, y en los últimos años no ha permitido que hagan intervenciones, comentarios o discutan asuntos relacionados con decisiones de accionistas de las que disienta.

OLVIDE EL INFORME ANUAL, DEME UN MAPA

(Empresas que hacen lo imposible por celebrar una reunión anual)

A principios de los sesenta, Olin Mathieson Chemical Corp., con sede en Nueva York, invitaba a sus 73.000 accionistas a la celebración de sus juntas anuales en Saltville, Virginia, lugar donde la empresa tuvo sus primeras instalaciones. Para llegar allí, los accionistas tenían que viajar en avión o tomar un tren a Bristol, Virginia, donde cambiaban a otro tren que les llevaba a Glade Spring. Una vez allí se veían en la obligación de hacer *autostop* o de pagar a algún vecino para que les llevase en coche hasta las instalaciones, por falta de transporte público. Las reuniones duraban menos de una hora y no se servía comida alguna. En 1961 sólo un intrépido accionista consiguió llegar a la reunión.

General Host Corp. celebró su junta anual de 1967 en mitad de los pantanos de Florida. La empresa llevó a cabo la reunión en un campamento salvaje y aislado situado en el extremo sur de la península de Florida. Por sorprendente que resulte, cuarenta tenaces accionistas aparecieron en la reunión. Desgraciadamente, también se presentaron escuadrones de hambrientos mosquitos y una fuerte tormenta tropical.

Goldfield Corp., una empresa con sede en Manhattan y con ciertos problemas de comunicación, celebró sus juntas anuales en Evanston, Wyoming, durante más de sesenta años. Su presidente, Richard Pistell, les dijo en una ocasión a los accionistas que la mejor forma de llegar allí era «ir en avión hasta Salt Lake City y luego subir la montaña en coche durante aproximadamente una hora».

Schlumberger Ltd., empresa de petróleos, celebra sus reuniones en la isla caribeña de Curaçao, donde también tiene una delegación. Un portavoz dijo que en 1984 la empresa celebró la «reunión más activa de su historia», ya que acudió un número récord de accionistas: dos. El acontecimiento se llevó a cabo en la sala de conferencias de una notaría, en la capital de Willemstad. No apareció ninguno de los once directores de sucursales. Tampoco lo hizo el director ejecutivo de la empresa, Jean Riboud.

Technical Tape Inc., una empresa con sede en New Rochelle, Nueva York, tomó la costumbre de elegir los lugares más recónditos para sus reuniones anuales. En un período de cinco años celebraron juntas en Carthage, Missouri; Carbondale, Illinois; Brenham, Texas; Cornwall, Ontario, Canadá, y Beacon, Nueva York. Para complicarles más las cosas a sus accionistas, la empresa celebraba dichas reuniones el día 28 de diciembre —en medio de las vacaciones de Navidad.

Standard Oil, de Nueva Jersey, solía celebrar su junta anual en la incómoda y acústicamente deficiente sala de calderas de su refinería de Bayway.

Syntex Laboratories, una empresa fabricante de productos farmacéuticos, cuyas instalaciones principales se encuentran en California, celebraba sus reuniones anuales en Panamá. Syntex alegaba que se reunían en América

Central porque allí fue donde se constituyó la empresa. Sin embargo, la legislación panameña estipula que las juntas anuales pueden celebrarse dentro o fuera del país.

BSF Co., una empresa inversora de Nueva York, celebró sus reuniones anuales durante los años sesenta en el pequeñísimo pueblo de Wilmington, Delaware, en una pequeña oficina encima de un teatro abandonado.

FURIA ORIENTAL

Isuzu Motors dio un toque de emoción a sus ágiles reuniones anuales cuando infiltró a matones disfrazados de accionistas para que intimidasen a todo aquel que se atreviera a decir algo en contra de la empresa.

Conocidos como *sokaiyas,* estos provocadores vigilan que no hayan notas discordantes que rompan la armonía del acontecimiento. La mejor actuación de los *sokaiyas* de Isuzu tuvo lugar durante la celebración de la junta anual de 1978 en Tokio, en la que los pistoleros a sueldo apoyaron las propuestas de la junta y mantuvieron las críticas alejadas del micrófono. La reunión terminó en tan sólo veinte minutos.

Las autoridades japonesas aseguran que casi todas las empresas que cotizan en la bolsa de Tokio contratan *sokaiyas* para intimidar a sus accionistas. Se estima que en un reciente año fiscal dichos pagos sumaron más de 600 millones de dólares.

¿Qué empresa no permitió en su reunión anual de 1965 que uno de sus accionistas formulase una pregunta, por la sencilla razón de que era menor de edad?

Aunque parezca una ironía, se trata de Walt Disney Productions. Donald Tatum, vicepresidente de Disney, empresa que obtiene millones de dólares en beneficios cada año gracias a la gente joven, no permitió que Mark Greenfield, de catorce años de edad y natural de Woodland, California, formulase una pregunta por no ser mayor de edad. Mark de cuyas acciones es usufructuaria su madre como tutora, dijo que la actitud de Tatum «era de mal gusto, tratándose de una empresa como Disney».

¿QUE PASA SI SE CELEBRA UNA JUNTA ANUAL Y NO APARECE NADIE?

Una empresa se dio cuenta de que ofrecer café, pastas y un recorrido por la fábrica de Brooklyn no bastaba para alentar a sus accionistas.

En la junta anual de 1979, Tensor Corp. decidió hacer un derroche para agasajar a sus accionistas. Tras decidir celebrar la reunión en Brooklyn, en la fábrica de lámparas de la firma. Tensor se gastó 850 dólares. Enceró los suelos, lavó y pintó las paredes e incluso instaló aire acondicionado. Se pensaba reunir a los propietarios de las 475.000 acciones en circulación. El día de la junta, todos los ejecutivos de la empresa se vistieron con sus mejores galas y esperaron y esperaron...

Sólo apareció un accionista. «Estaba por el barrio y se acercó a tomar unas pastas», dijo Jay Monroe, presidente de la empresa, a los periodistas.

Las otras personas que asistieron a la reunión fueron los ejecutivos, directores y algún que otro corredor de bolsa. Como resultado, a la empresa le faltaron unos 20.000 votos para obtener un quórum del 50 por 100 de sus acciones en circulación.

«Es mejor que olvidemos lo sucedido», dijo Monroe.

¿Qué empresa internacional tiene a un terrorista como principal accionista?

Fiat, la mayor industria privada de Italia. Uno de sus accionistas es, ni más ni menos, el gobierno libio del Coronel Gadafi, que posee el 13 por 100 de las acciones con derecho a voto de la Fiat y el 15 por 100 sin derecho a voto —todas juntas hacen un total de 2.500 millones de dólares.

ARTISTAS DE LA TRAMPA

Ocultación y transformación de hechos en los informes anuales

LA PROSA SOLAPADA Y ENGAÑOSA DE LOS INFORMES ANUALES

(Evite sufrimientos a sus accionistas: encubra las malas noticias)

Penril Corp.

En su informe anual de 1985, la empresa ignoró olímpicamente su vertiginoso descenso en ingresos y beneficios netos, neto por acción y una desastrosa caída del 98 por 100 en sus ganancias.

Penril se lo puso difícil a sus accionistas, que no pudieron sacar nada en claro sobre la situación financiera de la empresa, ya que no se incluyeron ni la típica columna de cambios porcentuales ni el informe financiero (puntos que aparecen en el 97 por 100 de los informes anuales). Sencillamente no mencionaron el descenso de ingresos.

Roger Smith and Jim McDonald Discuss 1986 Results and Strategies for the '80s

Message to Stockholders

Chairman's Letter

To Our Shareholders:

General Motors Corp.

En su informe anual de 1986, GM ocultó de forma astuta las malas noticias de que sus ingresos netos habían descendido en un 26 por 100, su cotización en bolsa había bajado 1,5 puntos y los costes seguían subiendo desmesuradamente. También encubrieron la polémica disputa que había provocado la dimisión del miembro de la junta H. Ross Perot.

El presidente del Consejo de Administración, Roger Smith, y el presidente de la empresa, James McDonald hablaban en la carta dirigida a los accionistas (dentro del informe) de una «estrategia minuciosamente planeada» con una directiva que había «dado un gran paso adelante gracias a una planificación cuidada y a medidas audaces». GM sólo mencionaba el asunto Perot en una nota al pie de la página 37, y comentaba brevemente, en letra pequeña, la readquisición por parte de GM de las acciones hasta entonces propiedad de «ciertos empleados y de anteriores accionistas (Perot y sus asociados) por un valor de 751,5 millones de dólares».

Koppers Co. Inc.

En su informe anual, la empresa de servicios y materiales para la construcción de Pittsburgh utilizó el «sistema Pollyanna» para explicar a sus accionistas unas pérdidas de 30 millones de dólares, un descenso por acción de 79 centavos a un negativo de 3,72 dólares, y un cargo por 138 millones de dólares contra ingresos antes de impuestos.

El presidente, Charles R. Pullin, dijo en el informe que «lo que a primera vista parecen malas noticias, a la larga se convierte en lo mejor que les pueda suceder a los accionistas. Tengan en cuenta en qué medida puede la descapitalización sanear nuestros recursos para un despliegue más sustancioso».

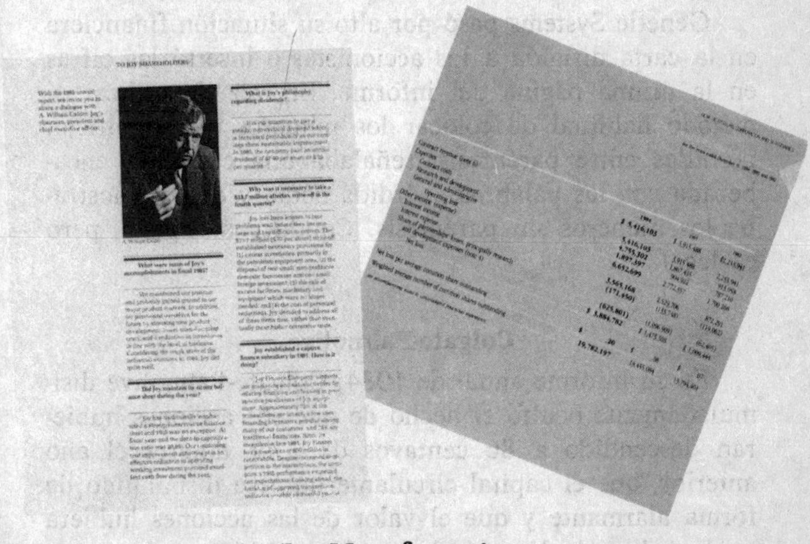

Joy Manufacturing

En su informe anual de 1985, esta empresa con sede en Pittsburgh se había beneficiado de un aumento del

18 por 100 en las ventas brutas, aunque en términos netos su valor había descendido un 55 por 100. Así es cómo la empresa lo presentó:

El informe no incluía la habitual carta dirigida a los accionistas. Por el contrario, añadía una nueva modalidad: «Comparta el diálogo» con el director ejecutivo de la empresa, Sr. A. William Calder. «De todos es sabido que Joy está capacitado para enfrentarse a los problemas antes de que éstos se conviertan en algo difícil de corregir», decía el Sr. Calder. «Nos remitiremos a todos estos problemas ahora en lugar de incurrir, a la larga, en unos gastos correctivos mayores.»

Genetic Systems

En su informe anual de 1984, esta empresa biotecnológica ocultó que las pérdidas doblaban a las del año anterior.

Genetic Systems pasó por alto su situación financiera en la carta dirigida a los accionistas e insertó las cifras en la última página del informe. En vez de utilizar el método habitual de colocar los números que significan pérdidas entre paréntesis, señalaba una categoría encabezada con las palabras «pérdida neta» y debajo mostraba los números sin paréntesis. Conduce a engaño, pero es legal.

Colgate-Palmolive

En su informe anual de 1984, Colgate-Palmolive disimuladamente ocultó el hecho de que sus acciones hubieran descendido a 86 centavos de 2,42 dólares el año anterior, que el capital circulante hubiese disminuido de forma alarmante y que el valor de las acciones hubiera caído a los niveles más bajos desde 1979.

El director ejecutivo de la empresa, Reuben Mark, empezó la carta a los accionistas con un titular grande

y destacado que decía: «Hoy, Colgate-Palmolive vende más de 3.000 productos en 135 países.» A continuación, ofrecía a los lectores un montón de agradables comentarios hasta llegar al sexto párrafo, en el que aparecían —en letra más clara y pequeña— las desastrosas cifras de 1984. Para aligerar el dolor de sus accionistas, la empresa incluía en el sobre un cupón de 75 centavos de descuento en la compra de la nueva pasta dentífrica Colgate, pudiendo elegir entre «el sabor normal o el gel fresco».

National Airlines

En su informe anual de 1978, National tenía que explicar a sus accionistas que cuando se estrelló uno de sus Boeing 727 y murieron tres personas, la empresa había obtenido del seguro una compensación de 1,7 millones de dólares. ¿Cómo se las arregló National para informar del ingreso sin mencionar el fatal accidente?

Anunció a los accionistas que el valor de sus acciones había aumentado en 18 centavos como resultado de «la reconversión involuntaria de un 727».

> ¿Cuál es el método más sencillo para que una empresa no tenga que preocuparse por una desvalorización de capital de 17,4 millones de dólares?
>
> Utilizar el audaz método de David Wallace, presidente de Bangor Punta, que en su carta dirigida a los accionistas en el informe anual de 1975 decía: «No es necesario comentar que una descapitalización no supone un desembolso en efectivo; sencillamente se trata de un ajuste en la contabilidad de la empresa.» Sí, la horca tan sólo consiste en colocar una cuerda alrededor de un cuello.

EL DICKENS DEL INFORME ANUAL

¿Cómo se las arregla una empresa que trata de emerger de un proceso de quiebra para incluir la noticia en su informe anual? Dynamics Corporation buscó la inspiración en Charles Dickens. El informe anual de 1975 de la DCA empezaba así:

«Era el mejor de los tiempos, era el peor de los tiempos, era la edad de la sabiduría, era la época de la ignorancia, era el momento de creer, era el momento de la incredulidad, era la estación de la Luz, era la estación de la Oscuridad, era la primavera de la esperanza, era el invierno de la desesperación, teníamos todo un futuro por delante, no había nada ante nosotros, todos íbamos derechos al cielo, todos íbamos derechos al otro lado», la descripción se parece tan asombrosamente a lo que ha sido el año 1974 para Dynamics Corporation of America, que se diría que el Sr. Dickens tuvo una premonición de los sufrimientos de DCA cuando escribió *Historia de dos ciudades.*

LOS NUMEROS PUEDEN MAS QUE LAS PALABRAS

En la primera página del informe anual de 1960 de Hydrometals aparecía en letra negrilla:

«Ahora su empresa es más fuerte económicamente.»

En la segunda página:

«Ahora su empresa es más fuerte técnicamente.»
«Ahora su empresa es más fuerte en producción.»

En la tercera página:

«Ahora su empresa es más fuerte en dirección.»
«Ahora su empresa es más fuerte en marketing.»
«Ahora su empresa es más fuerte en el mercado mundial.»

Al pie de la página cuatro y en letra más pequeña y no destacada decía:

«El desarrollo de una fuerza comercial e industrial ha dotado a nuestra empresa de una capacidad que, hasta ahora, no había disfrutado y que, a juicio de la directiva, augura un brillante futuro. Obviamente, un proceso tal tiene un precio. En el año fiscal de 1960, los gastos de Hydrometals Inc. excedieron a las ganancias en 807.390 dólares.»

¿Por qué fue tan mala idea que General Public Utilities presentase sus instalaciones nucleares más modernas en la portada de su informe anual de 1978?

Porque dichas instalaciones eran las de Three Mile Island y los informes anuales —en los que se recalcaba que las plantas nucleares de la empresa «tienen un récord excepcional de rendimiento»— llegaron a los buzones de los accionistas la misma semana en que tuvo lugar el impresionante accidente de esta central.

COMO INTERPRETAR LOS INFORMES ANUALES

IA de 1986: «AM International Inc. tuvo un año de importantes logros en 1986.»

Traducción: Los ingresos netos descendieron de 25,5 millones de dólares a 5,7 millones, debido, mayormente, a una reestructuración masiva.

IA 1985: Los ingresos netos de Calumet Industries, antes del pago de «una deuda extra de 800.000 dólares, alcanzaron la suma de 1,8 millones de dólares, lo que equivale a un aumento del 13 por 100 respecto a los ingresos netos del año anterior».

Traducción: La empresa pagó 800.000 dólares a modo de acuerdo preliminar con el Departamento de Energía por haber violado las normas de regulación vigentes. Esto hizo que las acciones de Calumet bajaran de 1 dólar a 81 centavos —lo que supone un descenso del 19 por 100.

IA 1985: «Hemos llegado al final de un año muy importante para industrias CBI —un año en el que se ha conseguido un progreso substancial que nos ayudará a conseguir más beneficios en el futuro.»

Traducción: El valor neto por acción descendió en un 204,3 por 100 sobre un aumento de ingresos de 63,7 por 100.

IA 1984: «El año 1984 ha brindado a Continental Illinois Corp. la posibilidad de un nuevo comienzo.»

Traducción: Esta empresa bancaria con sede en Chicago registró unas pérdidas netas de 1,1 millones de dólares, despidió a cinco directivos además de a un montón de ejecutivos y pasó a manos de una comisión oficial de regulación.

IA 1984: Para la empresa Telesphere International, «el año fiscal de 1984 ha supuesto un merecido progreso... La empresa ha ido mejorando su posición en el mercado y ha forjado una base para beneficios futuros».

Traducción: Las pérdidas ascendieron a 16.042.711 comparadas con unos beneficios de 1.080.348 dólares el año anterior.

IA 1983: Champion Parts Rebuilders reconoció que «1983 fue un año duro para la empresa».

Traducción: Y tan duro. Las ganancias por acción descendieron en un 78 por 100 —de 97 centavos el año anterior a 21 centavos.

IA 1983: Woods Petroleum Corp. «acaba de pasar un año que ha requerido ideas innovadoras y trabajo de equipo por parte de todo el personal».

Traducción: La facturación bajó un 11,9 por 100 y las ganancias descendieron en un 41 por 100.

IA 1981: Sambo's Restaurants Inc. «han conseguido distinción y publicidad a nivel nacional».

Traducción: La prensa nacional ha informado que los restaurantes Sambo se habían acogido al Capítulo 11 de la ley federal de bancarrota.

MALAS COMPAÑIAS

La plana mayor de la empresa de servicios financieros de Chicago, propiedad de Walter E. Heller International Corp., tuvo motivos sobrados para torcer el gesto al ver fotos de sonrientes clientes en el informe anual de la empresa.

Resultó que dos de los clientes que aparecían en el informe anual de 1980 eran ejecutivos de un banco de Chicago que había expropiado el gobierno. Y el presidente de otra empresa que también aparecía en el informe anual de 1980 del American National Bank & Trust Co. de Chicago —del grupo Heller— fue arrestado por una acusación de espionaje para el gobierno polaco.

¿COMO HA DICHO QUE SE LLAMA?

El entusiasmo empresarial puede, a veces, llegar a desbordarse. Pongamos, por ejemplo, la empresa OEA, Inc., con sede en Denver, fabricante de dispositivos para compuertas de escape electroexplosivas. ¿Nunca han oído hablar de la empresa? Esto supondría un duro golpe para su director ejecutivo, Ahmed Kafadar, que, en el informe anual de 1986 se vio afectado por un delirio de grandeza cuando les comunicó a sus accionistas que el «nombre de OEA se estaba convirtiendo en una palabra de uso común, tanto en USA como en el extranjero».

COMO NO INCLUIR UNA EMPRESA EN EL MAPA

Parker Hannifin Corp., fabricante de productos industriales, con más de 1.000 millones de dólares en ventas anuales, describió sus operaciones internacionales de forma un tanto triunfalista.

«El impacto de Parker se extiende a todo el globo», alardeaba la empresa en su informe anual de 1981. «En siete continentes, Parker emplea a más de 22.000 personas...»

Pues bien, dicha afirmación era un poco exagerada. En aquel momento, Parker operaba en América del Norte, América del Sur, Europa, Africa, Asia y Australia. De acuerdo, seis continentes. Pero el mercado no era lo suficientemente grande para justificar una oficina en el séptimo continente —el Antártico. Un portavoz de la empresa dijo: «Quizá necesitábamos unas clases de geografía.»

¿Por qué se vio obligada Manufacturers Hanover a anular su informe anual de 1981?

Porque el informe anual decía que la contabilidad de la empresa había sido examinada por «contables *púbicos* cualificados e independientes».

Indice de empresas

Epílogo

A: el lector.

De: el editor.

Ref.: ¿Quién más debe pertenecer a los 500?

¿Sabe usted de empresas o individuos que lleven sus negocios como los de *Cómo hundir su empresa*? Si es así, nos gustaría saber de ellos.

En este libro se dan ejemplos de patinazos, despropósitos y situaciones absurdas de conocidas empresas americanas. Pero somos conscientes de que en el ámbito de los negocios españoles estas situaciones se presentan con asiduidad.

Nos gustaría conocerlos. Cuéntenos el patinazo de su jefe, las argucias de sus competidores o cualquier otra buena historia que haya visto, oído o leído. Es posible que con su valiosa colaboración podamos confeccionar un divertido y revelador informe. Envíenos sus cartas (si se atreve, con el membrete de la empresa) a:

EDICIONES TEMAS DE HOY, S. A.

Referencia: 500

Paseo de la Castellana, 93, 14.ª

28046 MADRID

CREDITOS DE LAS FOTOS

Página 23: Sin derechos
Página 25: UPI/Bettmann Newsphotos
Página 32: Sin derechos
Página 34: Sin derechos
Página 42: UPI/Bettmann Newsphotos
Página 52: New Products Showcase & Learning Center
Página 53: New Products Showcase & Learning Center
Página 54: New Products Showcase & Learning Center
Página 59: Cortesía de Perry Piper, The Edsel Owners Club
Página 67: Sin derechos
Página 90: Izquierda - AP/Wide World Photos
Página 90: Derecha - AP/Wide World Photos
Página 91: AP/Wide World Photos
Página 98: Izquierda - The Bettmann Archive
Página 98: Derecha - The Bettmann Archive
Página 99: Izquierda - The Bettmann Archive
Página 99: Derecha - The Bettmann Archive
Página 100: Izquierda - The Bettmann Archive
Página 100: Derecha - The Bettmann Archive
Página 102: The Bettmann Archive
Página 107: Cortesía de Fallon McElligot
Página 111: UPI/Bettmann Newsphotos
Página 145: AP/Wide World Photos
Página 170: Arriba - Sin derechos
Página 170: Abajo - Sin derechos
Página 176: Chrysler/Plymouth News Photo
Página 227: Richard Berquist
Página 239: The Denver Post/Jim Preston
Página 244: L T V Steel
Página 245: AP/Wide World Photos
Página 271: Sin derechos
Página 273: The Detroit Free Press/Craig Porter